Calendrier
des signes du zodiaque

	Bélier	Du 21 mars au 20 avril
	Taureau	Du 21 avril au 20 mai
	Gémeaux	Du 21 mai au 21 juin
	Cancer	Du 22 juin au 22 juillet
	Lion	Du 23 juillet au 22 août
	Vierge	Du 23 août au 22 septembre
	Balance	Du 23 septembre au 22 octobre
	Scorpion	Du 23 octobre au 21 novembre
	Sagittaire	Du 22 novembre au 20 décembre
	Capricorne	Du 21 décembre au 19 janvier
	Verseau	Du 20 janvier au 18 février
	Poissons	Du 19 février au 20 mars

L'ASTROLOGIE EN DIRECT TOUT AU LONG DE L'ANNÉE.

(France métropolitaine uniquement)
Par téléphone 08.92.68.41.01
0,34 euros la minute (Serveur SCESI).

Une nouvelle année montre le bout de son nez...
Que vous réserve 2005 ?

Les horoscopes Harlequin sont là pour vous guider et vous aider à orienter vos choix. Spécialement élaborés pour vous par l'astrologue Milton Black, vous y découvrirez les grandes tendances de votre signe pour les mois à venir.

En plus de vos affinités amoureuses, de votre chiffre de chance, calculé grâce à la numérologie, et du portrait de l'enfant natif du signe, vous pourrez désormais connaître votre ascendant. Il vous suffit pour cela de connaître la date et l'heure de votre naissance et de vous reporter à notre nouvelle rubrique. Rien de plus facile !

Découvrez enfin, dans ce véritable carnet de route astral, mois par mois, semaine par semaine et jour par jour les prévisions de votre signe pour cette nouvelle année !

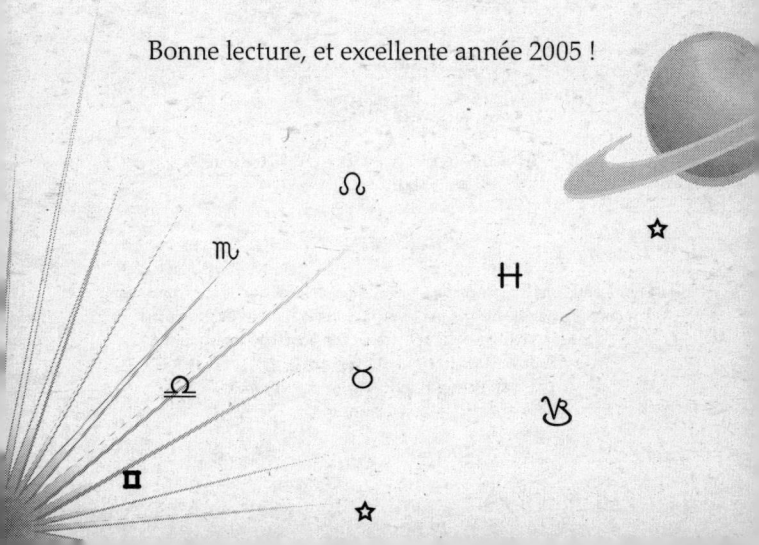

Bonne lecture, et excellente année 2005 !

Cet ouvrage a été publié en langue anglaise
sous le titre :

2005 HOROSCOPES
CANCER

Traduction française de
CATHERINE BEDNAREK

pour :
Qui est le Cancer ?
ISABELLE VASSART

pour :
Le Cancer et l'amour
FRANÇOISE TAYLOR

et pour :
Numérologie
LÉA ROBERT

Impression réalisée sur Presses Offset par

BRODARD & TAUPIN
GROUPE CPI

La Flèche

Achevé d'imprimer en France en novembre 2004
Dépôt légal : décembre 2004
N° d'édition : 10860
N° d'impression : 26071

Toute représentation ou reproduction, par quelque procédé que ce soit, constituerait une
contrefaçon sanctionnée par les articles 425 et suivants du Code pénal.
© 2004, Milton Black. © 2004, Traduction française : Harlequin S.A.
83-85, boulevard Vincent-Auriol, 75013 Paris — Tél. : 01.42.16.63.63
Service lectrices — Tél. : 01.45.82.47.47
ISBN 2-280-11265-5

MILTON BLACK

Cancer

22 juin - 22 juillet

HOROSCOPE
2005

éditions Harlequin

Sommaire

CARTE D'IDENTITÉ DU CANCER   p. 8

TOUT SUR VOTRE SIGNE   p. 9
- Qui est le Cancer ?   p. 10
- L'homme Cancer   p. 12
- La femme Cancer   p. 14

LE BÉBÉ ET L'ENFANT CANCER   p. 17
- Les aptitudes du petit Cancer   p. 19
- Le bien-être et la santé du petit Cancer   p. 20

NUMÉROLOGIE   p. 21

LE CANCER ET L'AMOUR   p. 33
- Le Cancer et son partenaire   p. 34
- Le Cancer et les autres signes   p. 35

VOTRE HOROSCOPE 2005   p. 51
- PANORAMA 2005   p. 52
- LES GRANDES TENDANCES DE VOTRE ANNÉE 2005   p. 54
  Vie sentimentale, vie professionnelle, vacances, chance et argent, santé et bien-être

VOS PRÉVISIONS POUR 2005   p. 65
Mois par mois, semaine par semaine, jour par jour
- Janvier   p. 66
  Tableau journalier de janvier
  Prévisions mensuelles et conseils hebdomadaires

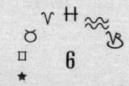

- **Février**   p. 71
  Tableau journalier de février
  Prévisions mensuelles et conseils hebdomadaires

- **Mars**   p. 76
  Tableau journalier de mars
  Prévisions mensuelles et conseils hebdomadaires

- **Avril**   p. 81
  Tableau journalier d'avril
  Prévisions mensuelles et conseils hebdomadaires

- **Mai**   p. 86
  Tableau journalier de mai
  Prévisions mensuelles et conseils hebdomadaires

- **Juin**   p. 91
  Tableau journalier de juin
  Prévisions mensuelles et conseils hebdomadaires

- **Juillet**   p. 96
  Tableau journalier de juillet
  Prévisions mensuelles et conseils hebdomadaires

- **Août**   p. 101
  Tableau journalier d'août
  Prévisions mensuelles et conseils hebdomadaires

- **Septembre**   p. 106
  Tableau journalier de septembre
  Prévisions mensuelles et conseils hebdomadaires

- **Octobre**   p. 111
  Tableau journalier d'octobre
  Prévisions mensuelles et conseils hebdomadaires

- **Novembre**   p. 116
  Tableau journalier de novembre
  Prévisions mensuelles et conseils hebdomadaires

- **Décembre**   p. 121
  Tableau journalier de décembre
  Prévisions mensuelles et conseils hebdomadaires

CALCULEZ VOTRE ASCENDANT   p. 126

Carte d'identité
du Cancer
22 juin — 22 juillet

Symbole : Représenté par un crabe, le Cancer suggère une nature fragile dissimulée derrière une carapace ; ses pinces illustrent parfaitement la possessivité qui le caractérise. Quatrième signe du Zodiaque, il est dirigé par l'astre de la Lune.

Elément : Eau

Anatomie : Seins, estomac, thorax, foie, système digestif

Animaux : Chat, coccinelle, colombe, coquillage, crabe, cygne

Couleurs : Ocre, jaune foncé, argent, vert, blanc, bleu clair

Métaux : Aluminium, argent, chrome, nickel, zinc

Nombres : 2, 12, 72

Parfums : Iris, violette

Végétaux : Chou, caroube, concombre, endive, cresson, champignons, lis, rose, lin

Pierres précieuses : Perle, pierre de lune, diamant, jade, nacre

Portrait global : Le Cancer est souvent sur la défensive, ce qui montre une nature sensible et un désir de nourrir et de protéger.

Caractéristiques : Extrêmement sensible, protecteur, loyal, patriote, plein de compassion, imaginatif, sentimental, réservé

Défauts : Très susceptible, lunatique, prompt à se plaindre, timide, désordonné, le Cancer a souvent un complexe d'infériorité qui le rend faible face à la flatterie. Il est également d'une sensibilité à fleur de peau.

Signes compatibles : Capricorne, Scorpion, Vierge, Lion

Signes incompatibles : Verseau, Sagittaire, Bélier

Signes propices à l'amitié : Gémeaux, Balance

Signes propices à la passion : Poissons, Taureau, Scorpion

CANCER

Tout sur votre signe

Qui est le Cancer ?

Points forts et points faibles : vos caractéristiques

L'homme Cancer

La femme Cancer

CANCER

🦀 Qui est le Cancer ?

• Points forts et points faibles : vos caractéristiques

Enfant de la Lune, vous êtes, natif du Cancer, émotif, sensible et profondément sentimental. Même si elle vous tourmente parfois, cette hypersensibilité vous rend très réceptif aux autres et vous ouvre les esprits et les cœurs. Telle une éponge, vous absorbez les atmosphères, les idées et les humeurs qui vous entourent, ce qui vous permet de choisir avec soin vos relations de travail, vos amis et vos fréquentations en général — qualité qui devient cependant un handicap lorsqu'elle vous rend un peu trop perméable à la mélancolie !

Bien que timide et réservé, vous n'aimez pas passer inaperçu. Le contact avec la foule agit sur vous comme un stimulant, et vous appréciez autant les sports d'équipe et les activités de plein air que les réceptions, les cocktails ou les réunions. Passionné de politique, vous ne perdez en outre jamais une occasion de refaire le monde en compagnie de vos amis ou de vos connaissances.

Perspicace, vous prenez rapidement conscience des problèmes, même si parfois vous n'y apportez pas de solution immédiate. En effet, comme le crabe qui marche en biais pour éviter les obstacles, vous préférez souvent contourner les difficultés plutôt que de les aborder de front. Comme le crabe également, symbole de votre signe, vous vous montrez particulièrement obstiné. Outre cette ténacité légendaire, vous possédez une mémoire colossale, qui vous permet de vous souvenir de tous les détails et événements anodins survenus des années auparavant, ce qui fait de vous un conteur hors pair.

Votre capacité à endosser toutes sortes de rôles, tour à tour comiques et dramatiques, vous aide à dissimuler votre vraie personnalité, si nécessaire, et à manipuler les autres en douceur. Plein de bonne volonté, vous vous montrez extrêmement serviable envers autrui sans que cela nuise à votre vie privée.

Votre tempérament inventif et novateur fait de vous un grand organisateur. Vif, éloquent, vous donnez la pleine mesure de vos capacités au cours des réunions de travail. A l'occasion des fêtes familiales, dont vous êtes friand, vous animez avec brio les soirées et savez calmer le jeu quand le ton monte un peu trop.

En règle générale, vous entretenez des liens forts et étroits avec votre famille, qui restera prioritaire tout au long de votre vie. Méfiez-vous cependant de votre tendance à surprotéger les autres, qui fait souvent de vous des parents trop omniprésents et vous empêche de donner à vos enfants l'indépendance dont ils ont besoin.

Econome, vous connaissez la valeur de l'argent et savez gérer votre budget, mais votre goût pour le confort, l'aisance et le luxe vous pousse parfois à dépenser de grosses sommes sur un coup de tête.

Votre plus gros défaut : une tendance à ressasser le passé et à appuyer là où ça fait mal. Quand vous êtes en colère, sachez tourner la page en beauté ! Veillez également à ce que votre sensibilité à fleur de peau ne vous rende pas trop susceptible. Ayez le courage de vos opinions et n'hésitez pas à suivre vos intuitions, souvent remarquables. Surtout, méfiez-vous de votre idéalisme qui vous entraîne souvent à désirer des choses qui n'existent pas, au risque de vous sentir ensuite trahi, frustré et malheureux.

• Vos goûts, vos aspirations et vos passions

Amoureux de la mer, vous adorez la voile et faites d'excellents marins. Parmi les professions qui vous attirent, on trouve les métiers de l'armée, la gendarmerie, la police, mais aussi ceux qui requièrent une dextérité manuelle, tels que menuisier, ébéniste ou fabricant de meubles. De nombreux Cancer sont également de très bons commerciaux. Cependant, grâce à leur remarquable ouverture d'esprit et à leur goût du changement, de nombreuses autres professions s'offrent à eux : teinturiers, fournisseurs en matériaux de construction, chefs de cuisine, secrétaires et comptables. Les femmes Cancer sont presque toujours d'excellentes maîtresses de maison, ce qui ne les empêche pas d'aimer travailler à l'extérieur. Les métiers qui les retiennent sont souvent des métiers de dévouement ou d'accueil : barmaids, sages-femmes, infirmières. Mais d'autres carrières peuvent les séduire au même titre que leurs homologues masculins, en particulier celles liées à l'immobilier, aux bibelots, aux antiquités, aux livres anciens, à la restauration d'objets rares et précieux.

De façon générale, vous réussissez dans toutes les carrières qui vous mettent en contact avec le public.

Certains Cancer se sentent également fascinés par tout ce qui a trait au mysticisme, à l'occultisme, au passé et aux phénomènes étranges. Si c'est votre cas, restez prudent, car s'ils sont passionnants, ces chemins sont également dangereux lorsqu'on n'y progresse pas les yeux grands ouverts.

• Bien-être et santé

Cérébral, vous êtes dominé par votre tête au physique comme au mental. Certes, vous êtes plutôt de constitution solide, mais vos tendances extrémistes font de vous un être toujours sous pression, souvent sujet à de sérieuses migraines, rages de dents, névralgies, vertiges ou congestions. Notre conseil : évitez au maximum les inquiétudes prolongées, les tensions physiques ou morales et les excès en tout genre : vous risqueriez de prendre de mauvaises habitudes alimentaires susceptibles de provoquer des troubles digestifs et sanguins, et des problèmes de peau. Pour vous délasser l'esprit, faites de l'exercice.

L'homme Cancer

Responsable, vous prenez, Monsieur Cancer, la vie très au sérieux. La sécurité, aussi bien affective que matérielle, fait partie de vos priorités, et vous déployez un grand sens pratique pour atteindre les buts que vous vous êtes fixés. Votre objectif premier : vous établir et créer des racines pour élever vos enfants dans un environnement sûr et protégé. Afin d'y parvenir, vous dépensez des trésors d'énergie — une énergie aimante et dévouée, car votre famille vous procure une satisfaction et une joie infinies.

Cet amour de la famille se traduit également par l'importance que vous accordez à votre foyer, son confort et sa décoration : pour vous, la maison est un havre de paix, un refuge douillet et chaleureux, que vous prenez plaisir à décorer sans compter. Le goût du luxe fait d'ailleurs partie de vos péchés mignons, et vous appréciez ce qu'il y a de mieux tout en détestant le gaspillage.

Vous adorez sortir et converser avec vos amis et relations, car vous êtes extrêmement sociable. Le prestige et le statut social comptent beaucoup pour vous, et vous appréciez les compliments qui vous redonnent confiance et vous remontent le moral. Vous êtes d'autant plus entouré que vous possédez un charme fou. D'un naturel gai, vous vous montrez le plus souvent plein d'entrain et répondez à l'énergie positive des autres. Le seul danger serait pour vous de fréquenter des gens au tempérament mélancolique, car, par osmose, vous risqueriez d'être entraîné sur leur pente, alors même que vous pensiez pouvoir les aider à retrouver un meilleur équilibre. Ne jouez donc les saint-bernard qu'avec prudence…

Complexe, émotif et intuitif, vous êtes fidèle en amitié, vous vous entendez aussi bien avec les hommes qu'avec les femmes (lorsque vous ne devenez pas trop possessif à leur égard !), et vous accordez un grand prix aux relations paisibles et harmonieuses.

Votre plus gros défaut ? Peut-être cet entêtement qui vous pousse à vous braquer. Mieux vaut dans ces moments-là savoir vous prendre en douceur ! Faites également attention à ce que votre sensibilité exacerbée ne se transforme pas en susceptibilité. Quant à votre mémoire spectaculaire, elle ne laisse rien passer et vous devriez parfois montrer plus d'indulgence à l'égard de votre partenaire, au lieu de lui rappeler une faute vénielle commise deux ans auparavant !

La femme Cancer

Dotée d'un tempérament original, vous êtes, Madame Cancer, une femme émotive, passionnée, aussi fascinante qu'imprévisible. Votre sensibilité à fleur de peau vous joue d'ailleurs parfois des tours, car elle provoque, chez vous et dans votre entourage, des réactions excessives et il n'est pas rare que vous vous montriez théâtrale et possessive. Heureusement, cela ne dure jamais longtemps car votre nature aimante reprend vite le dessus.

Votre grand pouvoir de séduction vous rend très désirable et vous débordez d'une sensualité à laquelle les hommes résistent difficilement. Grâce à votre personnalité énigmatique et profonde, vous parvenez toujours à créer le mystère dans votre façon de marcher, de parler, de sourire… Pourtant, lorsque vous aimez, vous n'hésitez pas à vous engager pour la vie. Alors, votre foyer — le seul élément de votre vie susceptible de vous donner la sécurité affective et financière dont vous avez besoin — devient votre point d'ancrage.

Perspicace, clairvoyante et imaginative, vous anticipez souvent sur ce qui va se passer. Parfois un peu trop, ce qui vous pousse alors à vous montrer protectrice à l'excès envers votre famille, vos enfants ou vos amis. Mais il est vrai que vous avez une tendance naturelle à vous faire du souci pour les autres, au point d'en perdre parfois votre joie de vivre ! Cette nature attentionnée vous vaut d'ailleurs l'amitié et la confiance de nombreuses personnes qui n'hésitent pas à faire de vous leur confidente.

En cas de stress, tournez-vous vers des activités telles que le jardinage, la décoration ou la couture, faites de l'exercice ou pratiquez un sport d'équipe.

… CANCER

Le bébé
et l'enfant Cancer

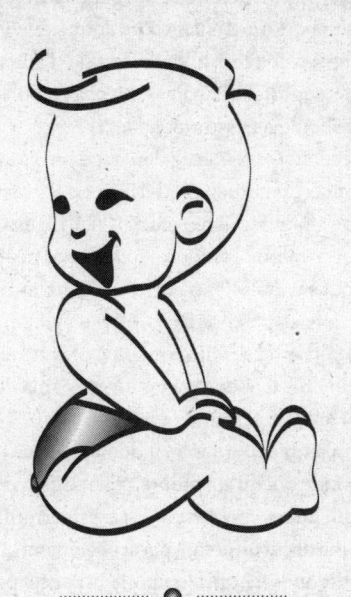

Les aptitudes du petit Cancer
Le bien-être et la santé du petit Cancer

Le bébé et l'enfant Cancer

D'une nature curieuse, le petit Cancer se montre très perspicace et fasciné par le monde qui l'entoure. Son foyer a une influence prépondérante sur lui, et il peut dépendre de ses parents, frères ou sœurs plus longtemps que n'importe quel enfant d'un autre signe. Cet attachement aux siens, lié à une sensibilité exacerbée, le rend d'ailleurs très impressionnable, et il est important d'éviter les tensions ou les querelles qui risqueraient de le bouleverser durablement.

Sa soif d'affection s'exprime également dans l'amour qu'il porte souvent aux animaux domestiques dont il prend soin avec beaucoup de dévouement et de tendresse. Il ressent, en effet, un besoin sans limites de donner et de recevoir de l'amour, et peut jouer très jeune le rôle de protecteur (surtout s'il grandit au sein d'une famille monoparentale).

Calme et docile en apparence, il n'en est pas moins très indépendant dans sa façon de penser, et se plie parfois avec beaucoup de difficultés à l'autorité. En général, il obtient ce qu'il veut par la douceur, et vous aurez tendance à le gâter. Il sait se montrer si câlin !

D'une imagination débordante, il donne parfois l'impression de vivre dans un monde qui lui est propre, et ne se liera d'amitié qu'avec des camarades qui lui ressemblent. Si cet esprit créatif le rend un peu peureux, il fait aussi de lui un enfant particulièrement doué pour toutes les disciplines artistiques. Ce qui n'empêchera pas ses professeurs de se plaindre régulièrement de son entêtement et de son côté rêveur…

S'il se sent blessé, il s'enferme dans un silence boudeur ou pique une colère spectaculaire, mais dit rarement ce qui le tracasse. Ne vous inquiétez pas cependant de ses sautes d'humeur, qui disparaîtront rapidement et n'entameront guère son naturel joyeux.

En revanche, prenez bien soin de lui durant ses premières années, qui resteront gravées à jamais dans sa mémoire. Toute sa vie, il gardera les souvenirs affectifs associés à sa famille, ses amis, sa ville, son école, ses voisins. Il conservera amoureusement ses jouets, trophées, bulletins scolaires, photographies de classe, etc. Sa mémoire est étonnante, il se souviendra de tout !

Ce n'est que lorsqu'il se sentira émotionnellement prêt que le Cancer deviendra autonome et fera preuve d'autorité. Dans ce signe, les jeunes filles peuvent avoir une forte personnalité et, plus tard, elles dirigeront leur foyer d'un cœur tendre mais d'une main ferme !

Parce qu'il développe un amour profond pour toute sa famille, l'enfant devenu grand la soutiendra toujours, quelles que soient les circonstances. L'amour que ses parents lui donnent ne sera pas à sens unique, et il le leur rendra sans compter quand ils seront devenus vieux.

•Les aptitudes du petit Cancer

Doté d'un esprit curieux et aventureux, le petit Cancer n'en recherche pas moins la stabilité. Très ambitieux, il travaille dur pour atteindre ses objectifs, sans craindre d'élargir ses compétences en jouant les hommes-orchestres. Ainsi, directeur d'une société commerciale, il s'occupera également des opérations techniques ou juridiques ; artisan, il vendra lui-même ses créations ; acteur ou musicien, il sera son propre manager. S'il est employé, il sera rarement d'accord avec son chef, car son côté indépendant se heurtera souvent aux règles ou méthodes qu'on voudra lui imposer. Il devra apprendre à se faire confiance et à persévérer pour que ses rêves deviennent réalité. Il aimera l'argent et gagnera bien sa vie.

Ses nombreux talents et ses facultés d'adaptation lui offrent un éventail de carrières extrêmement ouvert, de directeur de société ou comptable à artisan, programmeur informatique, professeur ou médecin, en passant par boulanger, architecte, homme de radio ou de télévision, écrivain, mécanicien, commerçant, acteur, astrologue, etc.

• Le bien-être et la santé du petit Cancer

Le petit Cancer a ordinairement une taille et un poids dans la moyenne, sa peau est douce avec parfois quelques grains de beauté.

A l'image de son caractère sensible, son corps est délicat, mais il est rarement aussi fragile qu'il le paraît.

Vu sa prédisposition à avoir des problèmes de santé d'origine psychosomatique, les médecins seront parfois désorientés par ses symptômes. Dans ce cas, il sera important de tenir compte de son état émotionnel, ses peurs, anxiétés et tensions se traduisant souvent par des problèmes digestifs.

Sur le plan alimentaire, l'enfant Cancer a besoin d'une alimentation variée en quantité raisonnable. Fritures et aliments gras sont à proscrire au profit des légumes verts frais, dont les enzymes faciliteront sa digestion. Il est également conseillé d'inclure dans son régime des céréales, beaucoup de fruits, des yaourts nature, du fromage blanc, du miel, des lentilles et des carottes.

Enfin, la gymnastique, la danse, le football, la natation, la bicyclette ou toute autre activité rythmique l'aideront à éliminer ses toxines en transpirant. Les exercices de respiration, de relaxation, et le contact avec la nature (notamment avec l'eau) constituent les meilleurs moyens d'apaiser rapidement son anxiété.

Pour éviter les ennuis de santé à long terme, veillez à ce qu'il ne souffre pas de carence en calcium ou en vitamine B, importante pour les systèmes nerveux et respiratoire.

Enfin — et c'est le plus important — n'oubliez jamais que son équilibre tient avant tout à la tendresse : enfant de la Lune, le petit Cancer a un besoin infini d'aimer et d'être aimé !

Numérologie

Découvrez ce que vous réserve 2005
grâce à votre date de naissance

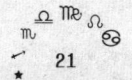

CANCER

Notre date de naissance influe sur nos actes et sur tout ce qui nous arrive, ce qui en fait l'événement le plus important de notre vie... Pendant des siècles, les calculs basés sur cette date ont été considérés comme la meilleure façon de prédire la destinée des hommes. Selon cette méthode, la personnalité et l'avenir de chaque individu peuvent être exprimés en chiffres, lesquels constituent un véritable langage : chaque nombre de notre date de naissance recèle un pouvoir bien supérieur à la simple expression d'une quantité.

Vous aussi pouvez détenir la clé de votre destinée et découvrir votre chiffre porte-bonheur pour 2005 ! Pour cela, il vous suffit de réduire votre date de naissance à un seul chiffre. Prenons pour exemple une personne née le 10 janvier 1956 (10/1/1956).

1) Additionnez individuellement tous les chiffres de votre date de naissance.

Par exemple : 1 + 0 + 1 + 1 + 9 + 5 + 6 = 23

2) Additionnez ensuite les deux chiffres ainsi obtenus.

Par exemple : 2 + 3 = 5 (réduisez toujours le nombre obtenu à un seul chiffre)

3) Le chiffre 5 est maintenant votre chiffre personnel de destinée.

N'oubliez pas que si, suite au calcul effectué en 2), vous obtenez un nombre à deux chiffres, vous devez additionner ces derniers : ainsi, si votre total est de 21, additionnez simplement 2 + 1 = 3.

Toutefois, si votre résultat est 11 ou 22, gardez-les tels quels, car ce sont des nombres forts.

Une fois calculé votre chiffre personnel de destinée, c'est-à-dire 10 - 1 - 1956 = 23 = 5, ajoutez ce dernier chiffre à l'année 2005 ; soit 5 + 2 + 0 + 0 + 5 = 12 ; 1 + 2 = 3.

Réduisez toujours le total à un seul chiffre, excepté pour le 11 et le 22.

Numérologie

Maintenant que vous connaissez votre chiffre personnel de destinée pour 2005 (dans cet exemple : 3), reportez-vous au texte correspondant à ce numéro.

Pour vous, 2005 sera marquée par l'action et les opportunités. Faites le point sur vos projets et lancez-vous ! Vous aurez certainement à fournir quelques efforts, mais l'année se présente très bien : n'hésitez pas à prendre des risques et, lorsque vous serez confronté à un problème, attaquez-le de front. Vous ne pourriez rêver meilleur moment pour opérer certains changements dans votre vie ; c'est l'année parfaite pour chercher un nouvel emploi, obtenir de l'avancement ou s'investir dans une association ou de nouveaux loisirs. Attention cependant : si vous ne faites pas d'effort conscient pour atteindre vos objectifs, certaines occasions pourraient vous échapper ! Soyez réceptif aux idées inédites et oubliez les problèmes passés pour vivre pleinement et différemment votre vie. Laissez libre cours à votre ambition : rien ne pourra vous arrêter ! Sur le plan affectif, tout vous réussit ; pourquoi ne pas faire le premier pas ? 2005 est une excellente période pour vous faire de nouveaux amis ou relations professionnelles. Si vous vivez en couple, plus aucune de vos difficultés passées ne sera désormais insurmontable ; les célibataires feront de belles rencontres et certains envisageront même le mariage ! Ne laissez personne vous détourner de vos buts quels qu'ils soient : agissez de manière courageuse, indépendante et confiante ; suivez vos intuitions. De bonnes vibrations soutiennent vos finances, il vous sera facile d'obtenir un prêt ou une augmentation, ou d'ouvrir un compte-épargne. Votre budget quotidien ne vous causera pas de soucis car vous saurez vous entendre avec vos créanciers. Ne bradez pas vos capacités professionnelles, campez fermement sur vos positions et gardez une attitude positive en toutes circonstances ; cette attitude poussera votre entourage à vous écouter. Dans l'ensemble, votre santé s'améliorera, mais il vous faudra surveiller votre poids. N'hésitez pas à faire de l'exercice.

Vos nombres porte-bonheur en 2005 :
4, 14, 15, 21, 39 et 44.

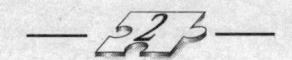

Vous aurez tout avantage à créer autour de vous une atmosphère détendue, car votre niveau d'énergie sera particulièrement bas. Il vous faudra être très patient avec votre entourage et prendre en compte les besoins de vos proches si vous voulez vivre en harmonie avec eux : votre aptitude à la coopération et au partage sera la clé de votre succès. Vous aurez parfois besoin de solitude pour réfléchir ; votre esprit sera affûté comme un rasoir ! Ne vous attendez pas à une promotion ou à des changements soudains, car 2005 est placée sous le signe de l'effort : les opportunités seront rares, et vos projets longs à se concrétiser. Même si vous devez faire face à bien des difficultés, ne tergiversez pas, vous ne feriez qu'empirer vos problèmes. N'essayez pas non plus de bousculer l'ordre des choses ou de battre des records, ou gare au stress et aux déceptions… Rassurez-vous : ce qui commence mal cette année aura en général une heureuse conclusion : le temps joue pour vous, patience ! Vous attacherez une importance particulière à vos biens personnels : c'est le moment d'épargner… Passez le plus de temps possible en famille ou entre amis. Il est possible que l'on vous demande de jouer les conciliateurs ; n'hésitez pas à offrir votre aide, les services que vous rendrez vous seront rendus au centuple. Votre attitude amicale sera contagieuse et vos relations personnelles connaîtront un merveilleux équilibre si vous êtes prêt à donner et recevoir ; évitez avant tout de vous montrer trop possessif ! Développez votre confiance en vous et apprenez à mieux comprendre vos propres émotions. Votre besoin de romantisme vous vaudra une nouvelle rencontre ou une entente plus profonde avec votre partenaire actuel. Le partage et la coopération étant les clés de votre année, c'est le moment idéal pour fonder une famille !

Vos nombres porte-bonheur en 2005 :
22, 23, 26, 32, 36 et 40.

3

Cette année, vous aurez envie de vivre à cent à l'heure et de profiter de la vie ! Les voyages, les distractions, les réunions et les négociations vous seront favorables. Donnez libre cours à vos aspirations : une fois sur les rails, rien ne vous arrêtera, car 2005 s'annonce riche en progrès et en aventure ! Vous serez d'humeur à faire la fête, et les prétextes ne manqueront pas : vous reprendrez contact avec de vieux amis et assisterez à de nombreuses célébrations, et vos multiples activités sociales vous permettront de nouer de nouvelles amitiés. D'ailleurs, aucun surcroît de responsabilités au travail ou dans la vie privée ne viendra gâcher l'ambiance, c'est donc le moment ou jamais de vous amuser loin des tourments du quotidien ! La communication sera votre atout majeur cette année : vous saurez vous vendre et grâce à votre grande créativité, attirerez l'admiration de tous. Votre succès risque bien d'attiser les jalousies et de faire jaser quelques commères : ne vous laissez pas impressionner, cela ne durera pas. La Chance vous sourira tout au long de l'année ; c'est une excellente période pour les affaires, car vous aurez la fibre marchande et votre intellect tournera à plein régime. Votre vie sentimentale sera mise en vedette : vos relations amoureuses seront intenses et passionnées, et les célibataires pourraient même trouver l'homme ou la femme de leurs rêves. Ceux qui ne sont pas prêts à s'engager connaîtront des attirances fulgurantes et seront très romanesques.

Vos nombres porte-bonheur en 2005 :
11, 17, 25, 33, 39 et 45.

CANCER

2005 sera une année de considérations pratiques qui exigeront de vous un bon sens de l'organisation. Attendez-vous à travailler dur et à accepter un surcroît de responsabilités chez vous comme au travail. Les événements imprévisibles ne manqueront pas et risquent de vous causer une certaine anxiété. Votre nervosité sera parfois difficile à gérer et vous aurez l'impression désagréable que quelque chose vous freine : peut-être est-ce tout simplement votre tendance à l'obstination et à la désorganisation ? Reprenez-vous ! Au travail, votre routine risque d'être momentanément bouleversée et votre efficacité sera mise à rude épreuve. Rien ne vous sera offert sur un plateau d'argent : vous aurez à prouver votre valeur. En tout cas, quelle que soit votre charge de travail, n'en faites pas trop et ne permettez pas aux pressions de s'accumuler aux dépens de votre santé ! Les contacts avec l'étranger et les voyages sont favorisés. Si vous êtes prêt à gagner votre argent durement, 2005 sera une bonne année sur le plan financier, car même si vous devez vous imposer quelques restrictions budgétaires, vous dépenserez votre pécule à bon escient. Dans votre vie privée, des disputes sont à prévoir : essayez de comprendre votre entourage et, surtout, ne faites pas une montagne d'un rien ! Ne vous montrez pas trop arrogant et ne faites pas de promesses que vous ne pourriez tenir, cela coûterait cher à votre réputation… Ne vous inquiétez pas, une attitude positive et une bonne gestion de vos finances devraient suffire à arrondir les angles !

Vos nombres porte-bonheur en 2005 :
19, 28, 35, 36, 37 et 39.

5

Préparez-vous à vivre une année enlevée et riche en aventures ; si votre quotidien ne vous offre pas les défis auxquels vous aspirez, vous irez jusqu'à vous en créer ! Certains imprévus viendront bousculer votre vie quotidienne, ce qui vous conviendra d'autant mieux que vous supporterez mal l'ennui. Faire des rencontres et partir à l'aventure : voilà ce qu'il vous faut… Et vous vous moquerez du qu'en-dira-t-on ! Gardez cependant que cette fougue ne nuise à vos finances : tout ce qui brille vous attirera et vous vous autoriserez bien des caprices. Au cours de cette période, vous déborderez d'énergie et aurez de nombreuses occupations. Vous serez confronté à tant d'opportunités et d'expériences nouvelles que les excès vous guetteront ! Organisez scrupuleusement votre agenda si vous ne voulez pas vous sentir dépassé. En effet, seule une discipline stricte peut vous sauver de vos extravagances. Votre vie sentimentale sera également remplie d'excitation, car votre magnétisme et votre charme vous vaudront de nombreuses conquêtes. Ici aussi, évitez d'agir de manière trop impulsive : vous risquez de vous laisser emporter par vos rêves d'aventure et d'érotisme, sans penser aux conséquences. Protégez-vous.

Vos nombres porte-bonheur en 2005 :
10, 18, 23, 29, 32 et 41.

6

Cette année, vous devez ralentir le pas. D'une façon générale, vous vous sentirez plus attiré par la tranquillité et le confort de votre foyer que par les sorties ou les voyages. Votre famille prendra une grande importance dans votre vie : certains se feront construire la maison de leurs rêves, d'autres feront de la décoration d'intérieur ou du jardinage. La beauté et l'harmonie vous attireront et vous serez extrêmement créatif. Vos relations personnelles seront à l'honneur ; il est grand temps d'oublier vos difficultés et querelles : 2005 est l'année de la réconciliation ! C'est aussi la période idéale pour se marier ou créer un nid douillet pour deux. Ceux qui ont déjà trouvé l'âme sœur verront leur amour s'approfondir. Comme vous n'aurez plus goût aux folles sorties, vous n'aurez aucun mal à vous concentrer sur votre routine professionnelle, et de nouvelles responsabilités vous apporteront une plus grande stabilité. Votre esprit est en éveil cette année et vos besoins intellectuels, sentimentaux ou matériels sont particulièrement bien équilibrés. Côté budget, les investissements seront favorisés et les conseils avisés de vos proches vous seront d'une grande aide. Votre sécurité financière et celle de votre famille sont assurées, vous ne laisserez rien ni personne vous priver de cet argent si durement épargné !

Vos nombres porte-bonheur en 2005 :
21, 23, 26, 35, 42 et 43.

Au cours de ce cycle, vos projets n'aboutiront pas aussi vite que vous l'espérez. Mieux vaut éviter de vous précipiter tête baissée dans de nouveaux projets. Quelques obstacles vous donneront sûrement l'impression de régresser, mais cette période vous sera finalement bénéfique. La meilleure façon pour vous de gérer cette année un peu confuse sera de réfléchir posément avant d'agir. Vous inquiéter inutilement ne ferait qu'aggraver votre stress. Vous aurez l'occasion de démêler des situations délicates dans tous les domaines. Votre patience sera parfois mise à l'épreuve, mais gardez votre sang-froid et évitez les conflits inutiles. Sur les plans financier et professionnel, même consigne : évitez de vous lancer dans des projets soi-disant miraculeux pour faire fortune en un temps record ! Ce n'est pas le bon moment pour prendre des risques. Bien que 2005 ne soit pas une année très rentable, vous n'aurez pas de gros soucis financiers. Ne signez jamais un contrat sans l'avis d'un expert et réfléchissez à deux fois avant de prendre un engagement professionnel. Ne vous laissez surtout pas entraîner dans des projets qui ne vous plaisent pas. En ce qui concerne votre vie privée et vos loisirs, la tendance est également à la réflexion : vous aurez parfois envie de vous retrouver seul, et trouverez un grand réconfort dans les promenades, le théâtre ou la musique. Certains auront besoin de rompre la routine et seront tentés par un voyage. Veillez à vous occuper l'esprit pour chasser l'ennui : vous profiterez peut-être de cette excellente période sur le plan intellectuel pour vous lancer dans les études ou suivre une formation. Surveillez votre santé, ne laissez aucun symptôme s'aggraver avant d'agir. Dans l'ensemble, adopter une attitude positive vous tirera de bien des mauvais pas.

Vos nombres porte-bonheur en 2005 :
4, 12, 19, 28, 30 et 36.

2005 est placée sous le signe de la réussite et de la reconnaissance sociale. Au cours de ce cycle, vous aurez la possibilité de réaliser vos rêves : lancez-vous, n'ayez pas peur de prendre quelques risques ! Vous serez extrêmement ambitieux, clairvoyant, courageux et efficace. Attention cependant : le destin, qui semble se pencher sur votre cas, suit la loi de l'équilibre. Veillez donc à assumer pleinement vos actes si vous ne voulez pas subir de retour de manivelle ! Sur le plan professionnel, vous traverserez une période extrêmement productive. Votre travail sera reconnu et votre situation financière s'améliorera. Mais ne vous attendez pas à un miracle : il ne faudra pas ménager votre peine pour obtenir ce que vous souhaitez. Vos relations avec votre entourage seront excellentes, car votre diplomatie et votre sang-froid feront grande impression ; vous n'aurez aucun mal à vous détacher des situations ou des personnes négatives qui croiseront votre chemin, et réussirez toujours à contourner les obstacles. De plus, vous obtiendrez sans peine le soutien de vos proches. Vos relations personnelles devraient elles aussi bénéficier de cette période faste, mais vous serez plus intéressé par l'amélioration de vos statuts social et financier que par les histoires d'amour ! Votre esprit est à la compétition, et lorsque vos concurrents vous feront une guerre sans merci, vous en savourerez chaque minute. Allez de l'avant, 2005 est votre année !

Vos nombres porte-bonheur en 2005 :
8, 16, 23, 25, 28 et 45.

9

Sans en avoir pleinement conscience, vous entrez dans un des cycles les plus importants de votre vie ! Bien des choses prendront fin, mais c'est pour mieux préparer l'avenir : cette année, votre vie va changer, ainsi que votre comportement. L'ampleur de ces changements dépendra évidemment de ce que vous avez accompli jusqu'à présent. Vous devrez rester à l'affût des occasions et faire des projets à long terme. Profitez de cette période pour traiter les questions que vous avez négligées, car il vous faudra vous débarrasser de tout ce qui vous est inutile avant de passer à l'action. Vous devrez vous imposer une discipline rigoureuse : vous aurez une montagne de travail à abattre ! Côté santé, vous aurez en 2005 la force morale nécessaire pour vous débarrasser de toutes vos mauvaises habitudes. Quels que soient les maux dont vous souffrez, il n'est pas de meilleur moment pour les régler : profitez de cet excellent cycle pour rendre enfin visite à votre dentiste, vous lancer dans un programme de remise en forme ou dans un régime. Les sports, les activités de plein air et la relaxation seront une source de plaisir. Gardez un œil sur vos finances : votre compte devrait connaître de très fortes fluctuations. Reportez vos dépenses importantes à une date plus propice, vos achats de cette année pourraient vous décevoir. Il vous arrivera parfois de vous sentir très seul, car certains membres de votre famille risquent de déménager. N'oubliez pas : vous ne prendrez pas de nouveau départ cette année, vous le préparerez. Mettez vos affaires en ordre, faites vos comptes, bouclez vos projets en cours et débarrassez-vous du superflu, car de grands changements s'annoncent !

Vos nombres porte-bonheur en 2005 :
2, 24, 28, 30, 36 et 37.

Vous entrez dans une période cruciale de votre destin qui offre un grand potentiel de joie et de succès. Votre créativité et votre intuition sont à leur zénith : laissez libre cours à votre imagination et suivez votre inspiration, car l'année 2005 est particulièrement favorable aux artistes et aux chercheurs. Vos efforts passés seront reconnus, et certains d'entre vous connaîtront même la célébrité et la richesse, car de merveilleuses opportunités s'offrent à vous ! Les événements qui surviendront cette année et les rencontres que vous ferez vous aideront à mûrir et à appréhender le monde de façon plus ouverte. Ce cycle se prête particulièrement aux révélations et aux prises de conscience : vous trouverez des réponses à vos questions et à vos désirs les plus secrets ! En ce qui concerne vos rapports avec autrui, vous devrez absolument donner autant que vous recevrez et faire preuve de tact et de diplomatie : prenez garde de n'écraser personne durant votre ascension professionnelle ou sociale car les réactions seraient violentes et il pourrait vous en coûter. Mais, dans l'ensemble, le monde vous appartiendra si vous restez positif et suivez vos intuitions. L'accroissement de votre sensibilité et de votre nervosité pourra créer des tensions dans vos relations personnelles : ouvrez-vous aux autres, essayez de mieux les comprendre et de compatir à leurs problèmes.

Vos nombres porte-bonheur en 2005 :
12, 16, 19, 23, 25 et 42.

Cancer

22

Attendez-vous à des changements significatifs cette année, car ce cycle est une manne providentielle qui vous permettra d'accomplir de grandes choses. Le nombre 22 est malheureusement très rare mais, lorsqu'il sort, c'est de l'or que vous avez entre les mains ! Vous serez déterminé, dynamique, voire autoritaire, et plein de bonnes intentions. N'oubliez pas de faire profiter à tous de votre chance ! Vous serez peut-être mis à l'épreuve, et votre capacité à relever les défis qui se présenteront déterminera l'étendue de votre triomphe. Cette année, tout est possible : vous vous investirez peut-être dans des projets à grande échelle qui exigeront de vous beaucoup de travail et un esprit d'aventure... Cette période est également propice à l'expression personnelle, aux changements de carrière, aux affaires et aux voyages. Que vous souhaitiez ou non le changement, vous serez amené à rompre vos habitudes pour vous embarquer vers de nouveaux horizons. Le monde est à vos pieds, et tout ce que vous entreprendrez cette année aura des conséquences inespérées sur votre avenir ; certains connaîtront même la célébrité ! Ce cycle est l'un des rares que l'on puisse réellement qualifier de chanceux, et offre en prime le sentiment d'être libre comme l'air : vous ne manquerez ni d'audace ni de curiosité ! Si vous comptiez passer une année tranquille, vous allez être surpris, car 2005 est une période d'une grande productivité. Votre esprit et votre corps seront en parfaite harmonie, et si parfois vous ressentez un peu de nervosité, ne vous en inquiétez pas outre mesure : elle indique juste que vous débordez d'énergie et, vu ce qui vous attend, vous n'en aurez jamais trop ! Pour couronner le tout, cette année riche en surprises vous garantit des moments inoubliables dans votre vie sentimentale... L'amour et le mariage sont particulièrement favorisés !

Vos nombres porte-bonheur en 2005 :
18, 19, 24, 29, 31 et 38.

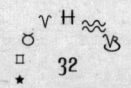

Le Cancer
et l'amour

Le Cancer et son partenaire

Affinités et différences

CANCER

Le Cancer et son partenaire

Affinités et différences

Cancer/Bélier

- Attentif et généreux
- Attaché aux valeurs familiales
- Fascination pour l'aure
- Tendance à l'égoïsme
- Autonome et indépendant

Une union basée sur l'attraction des contraires
Attention aux malentendus

Cancer/Taureau

- Emotif
- Lunatique
- Amour de la famille et de l'intimité
- Tempérament passionné
- Stable
- D'humeur égale

Deux âmes sœurs liées par des sentiments durables. Attention à ne pas vous couper du monde extérieur

Cancer/Gémeaux

- Attentif à l'autre
- Posé
- Forte attraction mutuelle
- Tendance à l'égoïsme
- Actif

Une relation stimulante
Attention aux rivalités

Cancer/Cancer

- Besoin de se sentir utiles
- Dépendants de l'être aimé
- Sensibles
- Lunatiques

Une relation positive pleine de joies
Attention à ne pas vous étouffer mutuellement

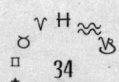

Le Cancer et les autres signes

Autrefois, la compatibilité amoureuse des signes était déterminée par l'élément auquel ces derniers appartenaient. Les signes de même élément étaient considérés comme bénéfiques les uns pour les autres : si le Bélier, le Lion et le Sagittaire étaient compatibles (signes de feu), il en allait de même pour le Scorpion, les Poissons et le Cancer (signes d'eau), pour le Taureau, la Vierge et le Capricorne (signes de terre), ainsi que pour la Balance, les Gémeaux et le Verseau (signes d'air).

Cependant, au cours du siècle dernier, des recherches ont démontré que les signes voisins dans la roue zodiacale, tels le Cancer et le Lion, la Balance et le Scorpion, ou encore les Poissons et le Bélier, sont tout aussi compatibles que les signes appartenant au même élément ; ces couples auraient même une espérance de vie plus longue ! Les astrologues ont également découvert que les signes de feu et d'air s'attiraient mutuellement, de même que les signes de terre et d'eau.

Mais n'oublions pas Vénus et Mercure ! Astres de l'amour et de l'amitié, des finances et de la communication, leur rôle est essentiel en amour. Ainsi a-t-on remarqué que les signes liés à ces planètes avaient plus d'influence que les autres en matière de sentiments, et que, si deux de ces signes formaient un couple, ils avaient les meilleures chances de réussite.

• Cancer et Bélier

Si le Bélier se sent souvent étouffé par les exigences de sa famille et de ses amis, le Cancer, au contraire, est très attaché à sa famille, et attentif aux besoins émotionnels des êtres qui lui sont chers. Lorsque le Bélier acceptera égoïstement le don de soi-même de son partenaire

Cancer, il ne pourra en revanche lui rendre ce qu'il aura reçu, d'où un déséquilibre profond dans ce couple, car le besoin d'autonomie et d'indépendance du Bélier sera souvent en conflit avec le besoin d'intimité et de dépendance du Cancer.

Il pourra exister entre vous une tension souterraine, notamment parce que vos attitudes fondamentales envers la vie seront fréquemment en opposition. La communication entre vous est souvent insuffisante et frustrante, surtout pour le Cancer. Parce que vous ne communiquez bien que sur un nombre limité de sujets, vous avez tous deux besoin d'amis avec lesquels vous pourrez partager vos autres intérêts. Certes, vous êtes fasciné l'un par l'autre en raison même des différences qui existent entre vous, mais celles-ci sont susceptibles de provoquer affrontements et malentendus.

Par sa nature douce, le Cancer tend à freiner les instincts spontanés du Bélier et à étouffer l'expression de sa personnalité ardente, ce qui peut devenir une source de ressentiment si cela se prolonge.

Vos attitudes fondamentales sont par conséquent très différentes : le Bélier veut de l'action, le Cancer a besoin de patience et de réconfort. Si vous n'êtes pas réalistes dans vos attentes dès le début de votre relation, des déceptions sont possibles. Il existe entre vous une excitation électrique qui peut être très stimulante, mais aussi se révéler une source d'irritation mutuelle ; vous devrez donc rester très vigilants !

• Cancer et Taureau

Vous aimez tous les deux la vie de famille et vous êtes de fervents adeptes du cocooning ; vous avez donc besoin d'une maison agréable et bien organisée pour être heureux.

De vous deux, le Cancer est le plus émotif, le plus sensible et le plus « lunatique ». Le Taureau est plus stable, plus pratique, et généralement d'humeur plus égale. Il saura rassurer le Cancer en lui donnant un sentiment de sécurité et sera pour lui solide comme un roc durant les moments de difficulté et d'incertitude.

Vous possédez tous les deux beaucoup de charme et de séduction. Vous attirez aisément l'amour, les opportunités et l'argent, et, en général, tout ce dont vous avez besoin dans votre vie vient à vous sans grand effort de votre part.

Vous êtes également passionnés et profondément aimants ; le Taureau sera pour vous un partenaire idéal car il est capable de s'investir vraiment dans votre relation et y apportera un degré d'intimité, d'échange et d'engagement profond, qui caractérise également votre signe. Vous exercez l'un sur l'autre la même attraction irrésistible et, lorsque vous êtes ensemble, il y a de l'électricité dans l'air et les ondes du désir crépitent.

Vous êtes attirés l'un vers l'autre parce qu'il y a entre vous une compréhension instinctive. Vous êtes des âmes sœurs liées par des sentiments très forts d'appartenance, d'intimité et de reconnaissance mutuelle. Grâce à cette force, vous vous investissez totalement dans votre couple, et cela vous donnera la force de surmonter tous les problèmes que vous pourriez rencontrer sur votre chemin.

Vous êtes totalement ouvert et sans inhibitions envers votre partenaire, et vous pouvez lui exprimer vos sentiments spontanément et sans réserve. Vous aimez plaisanter et vous amuser ensemble, aller danser ou jouer de la musique, et c'est un domaine où votre collaboration sera particulièrement fructueuse.

Lorsque vous êtes réunis, vous avez envie de vous confier l'un à l'autre, de vous raconter des histoires, de révéler votre moi secret.

Par amour pour votre partenaire, vous accepterez de faire des sacrifices, et le sentiment profond qui vous lie ne fera que croître avec le temps. Vous avez une confiance absolue en l'autre, et vous vous porterez aide et assistance tout au long de votre relation, qui sera durable et forte.

• Cancer et Gémeaux

De vous deux, le Cancer est habituellement celui qui prend soin des affaires familiales et est le plus attentif aux sentiments et aux besoins émotionnels d'autrui. Quelquefois, le Gémeaux peut se montrer indifférent aux préoccupations de son partenaire et est simplement incapable de s'engager émotionnellement dans un problème ou une situation au même degré que lui.

Paradoxalement, ces différences sont précisément les raisons pour lesquelles vous êtes attirés l'un vers l'autre. L'agilité mentale du Gémeaux attire le Cancer, tandis que la sensibilité du Cancer et la profondeur de ses sentiments séduisent le Gémeaux ; vous pourrez donc apprendre beaucoup l'un de l'autre.

Une autre différence entre vous vient du fait que le Cancer est un fervent adepte du cocooning, alors que le Gémeaux est complètement à l'opposé. Le côté remuant du Gémeaux sera parfois difficile à vivre pour le Cancer, mais celui-ci devra résister à la tentation de se cramponner à son partenaire et de l'étouffer sous un excès d'amour.

Votre relation, extrêmement stimulante, devrait vous permettre de constituer ensemble une équipe de travail dynamique et efficace ; cependant, si vous n'apprenez pas à coopérer et si vous empêchez votre partenaire de s'exprimer, votre collaboration pourrait se terminer dans la colère et le ressentiment.

Il existera une certaine rivalité entre vous, et même si vous pensez que vous êtes paisible et sans agressivité, ce désir d'être toujours le premier et de toujours gagner risque de poser problème entre vous. Si vous vous unissez pour accomplir certaines tâches, rien ne pourra vous arrêter, mais si vous passez votre temps à rivaliser l'un avec l'autre, il est possible que l'un de vous en souffre.

Certes, l'attraction entre vous est forte, et l'autre restera mystérieusement fascinant et désirable, mais si vous voulez que votre relation dure, vous devrez être tout à fait honnête sur ce que vous attendez vraiment de lui et sur ce que vous êtes disposé à lui donner.

•Cancer et Cancer

Vous avez tous les deux besoin que l'on ait besoin de vous, et vous désirez par-dessus tout une relation très étroite et stable qui vous apporte amour et protection. La famille et la vie domestique sont très importantes pour vous, et vous avez tendance à devenir très dépendant de ceux que vous aimez parce que cela vous donne un sentiment de sécurité ; malheureusement, vous avez également tendance à les étouffer sous un excès d'affection. Parce que vous êtes très sensible, d'humeur changeante, et que vous êtes facilement blessé, certaines personnes vous trouvent un peu difficile à vivre, mais votre partenaire Cancer vous comprendra très bien parce qu'il réagit comme vous.

Quelques problèmes pourraient se présenter néanmoins. L'un d'entre eux est que vous renforciez mutuellement vos tendances à la dépendance et à la faiblesse en maternant trop votre partenaire : pour que vous puissiez vous développer, l'un d'entre vous au moins doit sortir du cocon. Un autre risque est que votre désir d'assumer vos responsabilités vous incite à vous marier ou à prendre un engagement durable l'un envers l'autre : comme cet arrangement vous apporte une grande sécurité, il pourrait perdurer même si vos sentiments devenaient tièdes ; vous pourriez ainsi vous trouver piégés dans une relation qui ne vous satisfait plus vraiment.

Vous ne pourrez ignorer l'attirance puissante que vous ressentez l'un envers l'autre : vos sentiments seront toujours intenses, et il est peu probable que vous dériviez jamais vers l'indifférence.

Même si cette relation est porteuse de beaucoup de joies et de choses positives, il vous faudra travailler à la préserver. Néanmoins, si l'un d'entre vous devait faire trop de sacrifices pour l'autre, cela pourrait devenir une source d'aigreur et de ressentiment entre vous.

CANCER

Le Cancer et son partenaire

Affinités et différences

Cancer/Lion

- Sensible et timide
- Instable
- Besoin d'estime
- Dévotion réciproque
- Dominateur
- Emotionnellement Stable

Un amour profond et passionné
Attention à la jalousie

Cancer/Vierge

- Emotif et compatissant
- Tendre
- Humeur changeante
- Dévouement
- Esprit critique
- Peu émotive

Des liens forts, solides et profonds
Attention à ne pas idéaliser l'autre

Cancer/Balance

- Subjectif
- Emotif
- Empathie
- Réceptivité et pondération
- Juste et objective
- Rationnelle

Un couple ouvert et chaleureux
Attention à respecter les priorités de l'autre

Cancer/Scorpion

- Compatissant et sympathique
- Dépendant des autres
- Doux et tendre
- Intuition
- Besoin de fusion
- Peu sentimental
- Fier
- A fleur de peau

Une relation nourrie par la passion et la sensualité
Attention à bien vous comprendre mutuellement

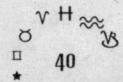

Le Cancer et les autres signes

• Cancer et Lion

Vous prenez tous les deux la vie comme une affaire personnelle, et vos sentiments et votre orgueil sont facilement blessés par la critique ou le manque d'estime des personnes qui vous sont chères.

Le Lion, le plus dominant des deux, prendra la direction du couple. Il cherche à s'affirmer et à être aimé, mais il n'est pas facile à connaître, parce qu'il n'admettra jamais ses faiblesses, ses problèmes, ses doutes et ses insécurités.

Le Cancer est beaucoup plus doux, privé, sensible et timide que le Lion. Les cabotinages du Lion l'agacent parfois, et ce dernier, qui a une bonne stabilité émotionnelle, aura du mal à comprendre les hauts et les bas des humeurs du Cancer.

Les sentiments romantiques et l'attirance sexuelle sont très forts entre vous. Attention à ne pas vous laisser envahir par la jalousie, la possessivité, ou des déferlements d'émotions non contrôlées, qui vous feraient osciller entre l'amour et la haine.

Vous pouvez vous montrer très ouverts l'un envers l'autre et atteindre ces niveaux d'intensité émotionnelle où une explosion devient possible. Votre style amoureux est du genre « tout ou rien » et vous exigez de votre partenaire une dévotion aussi totale que celle dont vous faites preuve.

Ce qui initialement était ressenti comme un amour fou pourrait, avec le temps, se colorer d'autres émotions. Le désir de contrôler, de dominer ou de manipuler pourrait être un des éléments négatifs cachés de votre lien, et des problèmes de confiance et de trahison, revers de médaille d'un amour profond et passionné, pourraient surgir entre vous.

Une des raisons pour préserver votre relation est qu'ensemble vous profiterez de la vie au maximum : plus vous passerez de temps ensemble, plus vous ressentirez les effets positifs de votre union sur votre santé et sur votre réussite.

• Cancer et Vierge

Vous êtes tous les deux sujets aux changements d'humeur, ce qui peut être parfois exaspérant pour l'autre ; vous êtes aussi capables d'une grande dévotion envers votre partenaire, et vous n'avez pas à vous forcer pour prendre soin de lui.

Eternels inquiets, vous avez l'habitude de vous angoisser et de vous inquiéter inutilement à propos de vos êtres chers. Vous apportez tous les deux soutien et protection à ceux que vous aimez, mais vous ne le manifestez pas de la même façon : le Cancer est plus émotif, compatissant et tendre, et plus capable de sympathie profonde que la Vierge, qui souhaite être aimée et aidée mais peut paraître dépourvue d'émotions et excessivement critique.

Cette relation devrait vous faire découvrir vos besoins profonds et vos espoirs secrets et devrait en conséquence modifier complètement vos personnalités respectives. Le lien qui existe entre vous sera fort et profond, et votre relation ne sera ni superficielle ni légère.

La Vierge est fascinée, intriguée et même hypnotisée par les qualités intérieures du Cancer, et celui-ci est subjugué par la capacité de la Vierge à résoudre comme par enchantement tous ses problèmes. Les illusions romantiques et les fantasmes, les rêves d'amour parfait et les désirs érotiques joueront un grand rôle dans votre relation. Néanmoins, pour éviter d'être déçu par votre partenaire, il serait bon de reconnaître dès le début qu'il n'est pas aussi parfait que vous le croyiez quand vous l'avez rencontré.

Si vous êtes prêt à accepter les imperfections de l'autre et le fait qu'il n'est pas le prince charmant, vous pourrez développer une relation où la compassion se mêlera à la passion pour forger un lien solide entre vous.

Votre couple vous sera vraiment bénéfique parce que vous vous encouragez et vous soutenez mutuellement. Vous aimez la compagnie de l'autre, lui permettez de développer sa confiance en lui, lui ouvrez de nouvelles portes, et vous l'aidez à progresser matériellement et spirituellement.

•Cancer et Balance

Il y a des similarités entre vous, mais il existe aussi d'importantes différences dans vos tempéraments et vos besoins.

La Balance est en effet plus objective, rationnelle et juste que le Cancer, qui est subjectif, émotif et enclin à baser ses jugements sur des sympathies et des loyautés toutes personnelles.

Pour ce qui est des similarités, vous êtes tous les deux réfléchis, attentifs aux autres, sensibles, réceptifs, et vous cherchez à éviter les conflits et les tensions à tout prix.

Le Cancer a besoin de sécurité, d'une présence rassurante et d'un cocon douillet, et il veut sentir qu'il fait partie d'un groupe familial uni par des liens étroits. Il aime se sentir indispensable à ceux qu'il aime, mais il a tendance à les étouffer et pourra se conduire plus en père ou en mère qu'en amant par rapport à la Balance. Celle-ci veut un partenaire sentimental et non un parent ; des différences pourront donc se révéler entre la priorité accordée à la famille (le point fort du Cancer) par opposition au désir de consacrer du temps et de l'attention au couple (le souhait de la Balance).

Vous aimez la compagnie de l'autre, mais aussi sortir ensemble, et vous pourrez ainsi développer des liens avec les mêmes amis et groupes, et partager les mêmes activités sociales. Vous formez un couple extraverti et amical, et vous rencontrerez des gens nouveaux et ferez des expériences intéressantes.

L'attraction sexuelle et sentimentale entre vous est presque irrésistible et elle est apparue probablement dès le début de votre relation. L'intensité de vos sentiments ne faiblira pas avec le temps, et vous trouverez la plénitude et la réalisation de vos désirs dans votre amour mutuel.

• Cancer et Scorpion

Vous éprouvez des sentiments forts et profonds l'un pour l'autre, et le lien qui vous unit est intense ; cependant, il existe des différences dans vos natures émotionnelles. Le Cancer est un signe qui éprouve facilement de la compassion et de la sympathie pour ceux qui l'entourent, alors que le Scorpion verra cela comme de la sentimentalité mièvre.

Vous êtes tous les deux très intuitifs, et vous devinez à demi-mot les sentiments et les besoins des autres. Vos attachements sont toujours profonds et vous pouvez devenir très proches, trop proches, car vous cherchez tous les deux une fusion totale avec votre partenaire. Le Cancer est de nature dépendante et entre volontiers dans des relations quasi symbiotiques avec ceux qu'il aime, alors que le Scorpion l'est aussi, mais son orgueil l'empêchera de le montrer et de l'admettre.

Pour l'essentiel, vous êtes très compatibles, mais il y a quand même, heureusement, quelques différences : le Scorpion ne révèle ses profondeurs à (presque) personne, et il lui est difficile de dévoiler sa vulnérabilité et de renoncer à exercer son désir de contrôle dans une relation. Il peut être très vindicatif lorsqu'il est blessé, en colère ou qu'il s'estime trahi. Le Cancer est un signe plus doux, plus tendre et plus gentil, et il pourra être choqué et perturbé parfois par l'âpreté et la véhémence du Scorpion, parce qu'il ne peut s'épanouir que dans une atmosphère de sympathie et de cocooning non compétitive et paisible.

Le Cancer et l'amour

Malgré ces différences, il existe un lien psychique très fort entre vous pouvant aller jusqu'à la télépathie, ainsi que beaucoup de compréhension et de sensibilité. Il y a aussi une passion qui nourrira votre relation et préservera son intensité malgré le passage du temps, car vous n'avez jamais assez de la présence de l'autre et vous ne vous lassez pas de le toucher, de le caresser et de respirer son odeur, ce qui donne une coloration très sensuelle à votre couple : vous êtes « faits l'un pour l'autre ».

Vous formez un vrai couple, car vous avez des affinités très marquées, et il y a entre vous une compatibilité fondamentale qui vous aidera à surmonter les aspects stressants ou problématiques de votre relation.

Le Cancer et son partenaire

Affinités et différences

Cancer/Sagittaire

- Passéiste
- Besoin d'enracinement
- Susceptible
- Energie positive
- Rivalité amicale
- Tourné vers le futur
- A besoin de liberté
- Franc et naïf

Une attraction amoureuse très forte
Attention à ne pas vous montrer trop possessif

Cancer/Capricorne

- Sentimental et émotif
- Tendre
- A besoin de protection
- Admiration mutuelle
- Souci de l'autre
- Introverti
- Exigeant

Un amour profond porteur de bonheur et d'épanouissement
Attention à respecter les goûts de l'autre

Cancer/Verseau

- Nostalgique
- Attaché à la famille
- Stimulation mutuelle
- Amical et bienveillant
- A besoin de liberté

Une attraction et un amour romantique très forts
Attention à ne pas influencer à tout prix votre partenaire

Cancer/Poissons

- Sentiments exclusifs
- Compréhension mutuelle
- Générosité et empathie

Des sentiments intenses et une attraction puissante
Attention à rester ouverts au monde extérieur

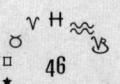

# Le Cancer et les autres signes

• Cancer et Sagittaire

Vos natures sont si différentes qu'il y aura parfois quelques heurts entre vous. Très souvent, lorsque le Sagittaire ressent l'envie de voyager, d'explorer, d'élargir son horizon et de suivre une nouvelle étoile, le Cancer a envie de faire exactement le contraire : il cherchera à se rapprocher de sa famille et de ses amis, à se créer des racines, ou souhaitera avoir des enfants et se consacrer à les élever.

Le Cancer est aussi très attaché au passé, tandis que le Sagittaire regarde toujours vers le futur ; la liberté et le mouvement sont essentiels pour lui, et il pourra se sentir brisé dans son élan par l'émotivité excessive et le besoin d'enracinement et de stabilité du Cancer.

Le Sagittaire est naturellement très candide et franc, parfois jusqu'au manque de tact, et, comme il ne se vexe pas aussi facilement que le Cancer, il risquera parfois de blesser les sentiments de ce dernier sans le faire exprès.

Votre relation pourra connaître quelques orages car, si l'attraction amoureuse entre vous est forte, vos sentiments ne sont pas toujours sur la même longueur d'onde, et jalousie et possessivité pourront également brouiller les cartes. Vos sentiments seront parfois fluctuants, et il vous arrivera d'oublier combien vous tenez l'un à l'autre et d'avoir besoin d'être séparés pour le comprendre.

Ensemble, vous générez beaucoup d'énergie positive, vous faites le plein d'idées neuves, et vous êtes portés par la conviction que vous pouvez réaliser n'importe quoi si vous le voulez vraiment. Vous renforcez chez l'autre le sentiment que ce que vous faites est vraiment important et peut faire une différence. Vous ne vous ennuierez jamais, car vous serez toujours en quête d'un nouveau challenge ou d'un nouvel horizon, et il y aura entre vous cette petite touche de rivalité amicale qui rendra votre relation plus stimulante.

• Cancer et Capricorne

Vous êtes souvent à l'opposé l'un de l'autre : alors que la famille et les amis intimes sont très importants pour le sentimental Cancer, le Capricorne semble froid et inexpressif.

Le Cancer est émotif, tendre, sentimental, facilement manipulé par ses humeurs et par les appels à son bon cœur. Sa personnalité se nourrit d'un besoin vital d'être relié aux autres, et du désir d'être protégé. Pour lui, l'amour inconditionnel et l'intimité sont de toute première importance.

Le Capricorne est aussi loyal et fidèle dans ses engagements que le Cancer, mais il n'aime pas exprimer ses sentiments, et cache soigneusement sa vulnérabilité et ses émotions. Il est aussi exigeant envers les autres qu'envers lui-même, et néglige souvent les aspects ludiques et les joies simples de la vie.

Bien que vos goûts et vos préférences soient parfois complètement à l'opposé, cela ne vous empêche pas de vous aimer et de vous admirer très profondément. Il y a une tendresse presque maternelle entre vous ; votre sympathie chaleureuse et votre souci de l'autre donneront naissance à une relation étroite et durable. Vous êtes des âmes sœurs, et la profondeur de l'amour dont vous ferez l'expérience aura un effet merveilleux sur tous les deux. Votre relation sera porteuse de bonheur et de développement personnel, car vous permettrez à votre partenaire de donner le meilleur de lui-même et contribuerez ainsi à sa réussite.

Le Cancer et l'amour

• Cancer et Verseau

Le Cancer est plus attaché à la famille, plus nostalgique et plus domestique que le Verseau ; ce dernier est amical et bienveillant, mais moins impliqué dans le cercle familial, et ses goûts et centres d'intérêt sont beaucoup plus variés. Le Cancer veut qu'on ait besoin de lui et il ne peut vivre sans un lien émotionnel aussi fusionnel que celui qui unit l'enfant à sa mère, ce que le Verseau ne peut guère lui apporter.

Le Verseau attache la plus grande importance à la liberté personnelle et a besoin de préserver son identité individuelle et sa liberté d'action, même dans ses relations les plus intimes ; le Cancer, en revanche, est très dépendant de ceux qu'il aime, et il pourra ressentir de l'angoisse et de l'insécurité face à l'indépendance du Verseau.

Vos relations de travail pourront être positives et efficaces, mais vous devez apprendre à laisser l'autre aborder le problème à sa façon, même si elle est très différente de la vôtre.

Vous ouvrez votre cœur à votre partenaire, vous sentez que vous pouvez pleinement lui exprimer vos sentiments et vous avez avec lui une compréhension intuitive immédiate. Lorsque vous êtes ensemble, vous stimulez mutuellement votre imagination, votre idéalisme et vos aspirations, vous vous aidez à dépasser les problèmes quotidiens et à vous concentrer davantage sur des objectifs humanitaires, altruistes et spirituels.

L'amour romantique et l'attraction sexuelle devraient être très forts entre vous ; si c'est le cas, il est probable que vous traverserez ensemble des expériences émotionnelles intenses et que vous vous montrerez capables de relever les défis de la vie.

• Cancer et Poissons

Il y a un afflux considérable de sentiments et d'émotions intenses entre vous ; vous sentez que votre partenaire est en sympathie avec vous et vous comprend pleinement, comme peu d'êtres humains sont capables de le faire.

La différence entre vous est que les sentiments et l'empathie du Poissons sont plus vastes, tandis que le Cancer réserve ses sentiments à sa famille et à ses amis.

Vous vous entendez très bien car vous avez en commun beaucoup de traits de caractère, et votre entente est plus basée sur la similarité que sur la complémentarité. Vous réagissez souvent de la même façon, et votre lien psychique est si fort que vous vous comprenez sans avoir besoin de parler : il existe une forme de télépathie entre vous.

Vous avez des facultés créatrices importantes et vous aimez vous engager entièrement dans votre travail. Il y a une puissante attraction entre vous, quasi irrésistible et chargée de magnétisme. Vous êtes profondément fascinés et même obsédés l'un par l'autre, mais l'intensité même de vos sentiments fera que des phénomènes de rejet pourraient se produire ; votre vie de couple comportera des frustrations inévitables, et parfois vous tolérerez difficilement les limitations et les contraintes qu'elle implique. Il n'est pas exclu que l'un d'entre vous (ou les deux) puisse se sentir occasionnellement un peu à l'étroit dans la relation et dans la routine où il s'est installé. Vous devez être indulgent, accepter de donner à l'autre un peu d'espace et de liberté d'action, et apprendre à exprimer vos tensions et vos frustrations avant qu'elles ne s'accumulent ; c'est à cette condition qu'une harmonie durable pourra s'établir entre vous.

CANCER

Votre horoscope
2005

Panorama 2005

Les grandes tendances de votre année 2005

Votre vie sentimentale
Votre vie professionnelle
Vos vacances
Chance et argent
Votre santé et votre bien-être

CANCER

🦀 PANORAMA 2005

L'année 2005 s'annonce pour les natifs du Cancer comme heureuse et aventureuse : vous connaîtrez en effet le bonheur en amour, et vos finances s'amélioreront au fil des mois. Il se pourrait même que vous changiez de travail...

Janvier
1-9   Le bonheur en famille
10-16   Des rencontres intéressantes en perspective
17-23   Une aubaine financière se présente
24-31   Attention au stress

Février
1-6   La chance vous sourit
7-13   Ne vous montrez pas trop possessif
14-20   Ecoutez vos amis
21-28   Vous brillez en société

Mars
1-6   Semaine idéale pour un nouveau départ
7-13   Vos finances s'améliorent
14-20   Surveillez votre santé
21-31   L'amour est au beau fixe !

Avril
1-10   Sachez déléguer
11-17   N'en faites pas trop
18-24   L'amour est au rendez-vous
25-30   La réussite vous tend les bras

Mai
1-8   Prévoyez de grosses dépenses
9-15   Gardez les pieds sur terre
16-22   Des surprises au programme
23-31   Ne soyez pas trop autoritaire

Votre horoscope 2005

Juin
1-5 Ralentissez le rythme
6-12 Ne vous montrez pas trop agressif
13-19 Des changements se profilent
20-30 Ne vous engagez pas trop vite

Juillet
1-10 Vos fnances remontent en flèche
11-17 Quelle énergie !
18-24 Exprimez-vous !
25-31 Vous avez besoin d'être entouré

Août
1-7 Calmez votre impatience
8-14 Evitez les excès
15-21 Semaine propice aux finances
22-31 Le monde est à vos pieds

Septembre
1-11 Vous avez soif d'indépendance
12-18 Des cadeaux en perspective
19-25 Fixez-vous des priorités
26-30 Le bonheur entre amis

Octobre
1-9 Pensez à économiser
10-16 Ne vous emportez pas trop vite
17-23 L'amour vous ensorcelle
24-31 Quelle énergie !

Novembre
1-6 Ne vous découragez pas
7-13 Le bonheur en famille
14-20 De nouvelles amitiés en perspective
21-30 Surveillez vos dépenses

Décembre
1-11 Surveillez votre santé
12-18 Vous brillez en société
19-25 Soyez aventureux
26-31 Vous rayonnez de bonheur

LES GRANDES TENDANCES DE VOTRE ANNÉE 2005

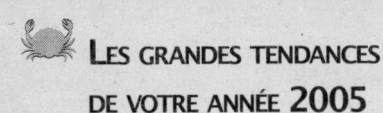

Quelques mots sur la planète Chiron

Votre horoscope 2005 tiendra compte de la planète Chiron, découverte en 1977. Chiron se déplace entre les orbites de Saturne et d'Uranus et son influence est une combinaison de ces deux planètes ; elle transmet le savoir, à la fois en tant que guide extérieur – comme Saturne – et voix intérieure – à l'instar d'Uranus. Nommée d'après un célèbre chirurgien et guérisseur de la mythologie grecque, elle est associée à l'émergence d'une conscience holistique dans la culture populaire.

Les grandes tendances de votre année 2005

Tout au long de l'année 2005, Uranus, la planète des surprises et de l'imprévu, transitera dans le signe zodiacal des Poissons, votre secteur des voyages, des transactions juridiques, des études et des contrats.

Au cours de cette année, Uranus exercera donc une influence prépondérante sur la vie des natifs du Cancer, particulièrement ceux nés entre le 23 et le 29 juin. Certains envisageront d'apporter de profonds changements dans leur vie privée, tandis que d'autres décideront de vivre seuls, de s'installer à l'étranger, de quitter leur travail, de se lancer dans une nouvelle carrière, ou encore de reprendre des études pour perfectionner leurs connaissances.

Soucieux d'améliorer leur mode de vie, voire leur apparence, les natifs du Cancer nés du 30 juin au 10 juillet choisiront peut-être de s'inscrire dans un club de gymnastique ou un centre de santé pour remodeler leur corps. Les transformations que vous entreprendrez, parfois radicales, induites par les sautes d'humeur d'Uranus, pourront aussi concerner d'autres domaines de votre vie.

Si vous êtes né entre le 11 et le 23 juillet, et si vous éprouvez vous aussi un besoin de changement, vous accueillerez avec joie les événements qui surviendront en 2005, allant même jusqu'à les déclencher parfois. Ce sera une année stimulante et pleine de variété, bien que parfois éprouvante pour les nerfs à cause d'activités trop diversifiées qui pourraient ébranler votre tranquillité.

Le 17 juillet 2005, Saturne, la planète de la stabilité et de la discipline, quittera votre signe pour entrer dans celui du Lion, inaugurant ainsi un cycle équilibrant susceptible de favoriser votre situation financière pendant les deux ou trois prochaines années. Une nette amélioration s'annonce aussi sur le plan domestique et professionnel, car Saturne stabilisera votre budget. Cet aspect planétaire aura un effet régulateur sur la vie de la plupart des natifs du Cancer : votre attitude face aux gens et aux événements deviendra plus tolérante.

Au cours des six premiers mois de cette année, vous n'aurez par ailleurs aucune peine à vous affirmer. Attachant moins d'importance à l'approbation extérieure que d'habitude, vous vous sentirez libre d'agir en votre nom ou d'entreprendre une activité que vous n'avez pas eu le courage de tenter auparavant. Vous vous sentirez peut-être même tellement satisfait après le mois de juillet que vous ne chercherez plus guère à profiter des occasions qui s'offriront à vous. Ne restez pas les bras croisés en regardant de merveilleuses aubaines vous passer sous le nez…

Altercations et discussions houleuses sont néanmoins très probables en janvier et en mai car vous parlerez sans réflexion, sans tact, ou sans souci des conséquences. Au cours de ces mois, vous direz des choses que vous gardez habituellement pour vous, surtout à ceux avec qui vous êtes en désaccord. Vous vous montrerez par ailleurs irritable et susceptible, et vous serez enclin à vous déplacer trop vite, ce qui pourrait provoquer des accidents. Si vous ne ralentissez pas un peu votre rythme, cette période pourrait se révéler assez problématique.

Du 29 juillet jusqu'à fin décembre, Mars se déchaînera dans votre secteur des relations personnelles, des amitiés et de la vie mondaine. Vous aurez sans doute du mal à vous concentrer sur votre travail avec autant d'animation autour de vous. Efforcez-vous d'éliminer le superflu ou tout ce qui est susceptible de vous détourner de vos obligations.

Durant toute l'année 2005, vous aurez la maîtrise et la discipline nécessaires pour accomplir les tâches ingrates que vous avez évitées dans le passé. Vous parviendrez peut-être à remettre de l'ordre dans vos affaires, grâce à une plus grande endurance aux corvées. Ce sera une excellente année pour vous attaquer aux questions pratiques : la réussite sera à portée de main.

Le passage de Jupiter dans le signe de la Balance jusqu'à la dernière semaine d'octobre pourrait par ailleurs provoquer des fluctuations dans les valeurs immobilières. Nombre d'entre vous pourraient acheter une nouvelle maison ou un bien d'équipement, ou rénover leur domicile. Une hausse de salaire ou des avantages pécuniaires sont possibles en mars, avril, juillet, septembre et octobre, ces mois étant également les meilleurs si vous souhaitez exploiter votre capital ou demander une augmentation à votre patron. Ce sera aussi une période propice aux entretiens d'embauche ou à la signature de contrats sur votre lieu de travail.

Les natifs du Cancer installés à leur compte découvriront de larges perspectives d'expansion pour leurs affaires en février, avril, mai et octobre. Jupiter entrera dans le signe du Scorpion le 27 octobre pour y rester jusqu'à la fin de l'année. Pendant ce cycle, de bonnes surprises vous attendent.

Au cours de l'année 2005, de façon générale, vous gagnerez peut-être en prestige ou vous serez promu à un poste de direction, ce qui vous rendra plus optimiste quant à l'orientation de votre vie. L'essentiel de votre évolution cette année reposera sur votre besoin d'indépendance et sur votre capacité à agir de façon autonome. Animé par un ardent désir de liberté d'action, vous serez enclin à faire cavalier seul dans votre travail. Les activités auxquelles vous vous livrerez cette année vous obligeront à fonctionner isolément, sans aide ni adhésion de la part des autres.

2005 étant l'année idéale pour un nouveau départ, n'hésitez pas à prendre des risques et à effectuer les changements nécessaires dans votre existence. Si vous avez envie de voyager dans un pays lointain, vous ne sauriez choisir meilleure année pour le faire agréablement et en toute sécurité.

• Votre vie sentimentale

Vénus, la planète de l'amour, transitera dans votre secteur des relations affectives et du couple pendant les mois de janvier, avril, septembre et octobre. Un coup de foudre est donc possible, ou votre relation actuelle connaîtra un regain d'intensité. Les célibataires envisageront peut-être de s'établir, de se marier et de fonder une famille, surtout ceux nés entre le 22 juin et le 9 juillet.

Si vous avez l'impression d'être dans une impasse sentimentale, prisonnier d'une liaison qui ne mène nulle part, la situation risque malheureusement de se dégrader entre août et décembre. Les bouleversements que vous subirez dans votre vie privée au cours de ces mois seront peut-être directement imputables aux doutes qui agitent votre esprit ou celui de votre conjoint.

Tout au long de cette année, à cause du passage de Pluton dans le signe du Sagittaire, vous serez confronté à de nouveaux problèmes

Cancer

dans vos relations, surtout les relations de travail, ce qui vous amènera à réviser votre façon d'exprimer aux autres vos opinions.

Cette année, des situations conflictuelles risquent de vous mettre en position de vulnérabilité. Vous aurez du mal à endiguer vos émotions et vos sentiments se révéleront capricieux. Fou d'amour un jour, vous vous montrerez froid ou détaché le lendemain.

En 2005, le séjour de Neptune en Verseau vous poussera souvent à dire ou faire des choses sans vraiment envisager les conséquences à long terme. Cela aura néanmoins un effet libérateur qui vous permettra d'effectuer plus vite et plus facilement les changements nécessaires. Au cours des mois de mars, avril, juillet, septembre, octobre et décembre, Vénus se heurtera aux instables Uranus et Chiron, suscitant un regain d'ardeur dans votre vie amoureuse.

Votre nervosité restera toutefois difficile à maîtriser : soyez vigilant au cours de ces mois car vous risquez de vous disputer pour des bagatelles ou de décevoir votre partenaire par vos paroles ou par vos actes. Les célibataires auront peut-être du mal à préserver l'entente avec leurs amis ou leur amoureux potentiel à cause de leur tendance à rêver à l'impossible amour. Vos émotions seront aussi exacerbées par des événements issus de votre passé.

Pendant toute cette année, vos sentiments seront plus passionnés, plus intenses que d'habitude, voire irrépressibles. S'appuyant sur des facteurs émotionnels, votre raisonnement risque tout simplement de défier la logique. Ce sera le moment opportun pour pendre conscience des manipulations psychologiques existant dans votre couple. Vous ne ferez peut-être que percevoir ces phénomènes, ou vous vous sentirez directement impliqué en tant que manipulateur ou manipulé. Le chantage affectif ne marche que si on se laisse dominer par l'autre. Dès que l'on redevient maître de soi-même et que l'on assume la responsabilité de son propre bien-être, les manipulateurs perdent tout pouvoir.

Votre horoscope 2005

Les Cancer insatisfaits de leur relation de couple actuelle décideront peut-être de quitter leur foyer pour trouver la tranquillité dans un environnement différent. Sur le plan domestique, des changements sont probables ; contrariétés et déceptions pourraient perturber l'harmonie conjugale au cours de 2005 si vous n'y prenez pas garde. Si vous n'êtes pas pleinement engagé dans une relation stable, vous ébaucherez peut-être une nouvelle idylle ou renouerez avec un ex cette année.

Votre vie sentimentale en 2005 traversera donc sans doute une période de transition ou de séparation, qui se révélera parfois difficile à vivre. Que ce soit vous-même ou votre partenaire qui instauriez ces changements, le destin s'en mêlera aussi tout au long de cette année.

Si vous êtes actuellement heureux en ménage, les influx planétaires de 2005 renforceront vos liens conjugaux en y apportant plus de liberté et de fantaisie. Vous abandonnerez en effet vos vieilles habitudes, vos réticences et vos inquiétudes passées pour expérimenter de nouvelles méthodes susceptibles de dynamiser votre relation. Votre bonheur est assuré, avec la possibilité de parvenir à une communion d'esprit avec votre partenaire. Vous déciderez peut-être d'effectuer ensemble une escapade romantique, ou de renouveler solennellement vos vœux de mariage. Des natifs du Capricorne, du Scorpion et de la Vierge exerceront une puissante influence émotionnelle sur votre destin cette année.

• Votre vie professionnelle

Transitant en Balance jusqu'à fin octobre, Jupiter favorisera votre secteur des ambitions matérielles, de l'emploi, des obligations professionnelles et des tâches courantes. Au cours de cette année, vous serez peut-être tenté par une reconversion, ou vous débuterez une nouvelle carrière dans la banque, l'informatique, la médecine, l'aviation, l'armée, le journalisme, les médias ou l'éducation.

Durant ce cycle, des postes importants vous seront proposés : plus vous vous montrerez avide de travailler, plus vous aurez de chances de toucher un bon salaire. Grâce au concours de l'énergique Mars dans votre secteur de l'emploi en janvier, juin et juillet, vous vous montrerez très combatif dans l'exécution de vos tâches professionnelles.

Préparez-vous à assumer un surcroît de responsabilités au fil des mois, car vous travaillerez d'arrache-pied pour vous hisser ou vous maintenir à la première place. La concurrence d'une autre entreprise ou de vos collègues pourra vous motiver pour accroître votre productivité, mais, le plus souvent en 2005, vous ne serez en compétition qu'avec vous-même.

Il est possible qu'aucun changement spécifique n'intervienne sur votre lieu de travail signalant ce besoin de passer la vitesse supérieure. Quoi qu'il en soit, vos batteries chargées à bloc vous rendront apte à conquérir le monde s'il le fallait. Cette année étant propice à la réalisation de vos ambitions professionnelles, utilisez cet afflux d'énergie pour atteindre vos objectifs tant immédiats qu'à long terme. Pendant l'année 2005, n'hésitez pas à prendre des initiatives en misant sur votre faculté d'automotivation : si vous remettez tout au lendemain, des ennuis sont à craindre. Les projets qui exigent de l'originalité, un travail autonome ou une action offensive conviendront maintenant à votre style ; aussi, expérimentez de nouvelles techniques et de nouveaux outils. Profitez de ce cycle annuel favorable pour lancer de nouveaux projets, obtenir une récompense ou une promotion, assouvir vos ambitions ou monter votre propre affaire. Le succès viendra certainement couronner vos efforts.

Certaines activités spécifiques seront compatibles avec votre réussite, comme essayer de décrocher un gros contrat en prospectant de nouveaux clients, surtout les plus réfractaires. Vous délocaliserez peut-être votre ancienne entreprise, ou vous en créerez une nouvelle, car vous devrez vous dépenser sans compter pour bien gérer vos affaires, les rentabiliser ou les faire prospérer.

Au cours de cette année, vous aurez peut-être l'impression de vous trouver sur une voie de garage, ce qui pourrait engendrer chez vous un sentiment de mécontentement à l'égard de votre employeur actuel ou de vos responsabilités professionnelles. Le moment sera alors venu de rechercher un poste plus important et plus attrayant, car votre réussite future est garantie.

Si vous n'exercez pas une activité indépendante, ou si vous n'avez pas la liberté de travailler en autonomie, des conflits avec vos supérieurs sont possibles, surtout en février, avril, mai, août et septembre. Parfois, vous serez motivé par les attentes de votre patron, mais en général la tension régnant entre la direction et vous rendra votre situation très éprouvante. Le stress et une tendance au surmenage seront peut-être associés à cette année : veillez à ce que ce ne soit pas au détriment de votre santé mentale ou physique. Il est important que vous utilisiez des techniques de relaxation et que vous preniez du temps libre pour soulager votre système nerveux. Apprenez aussi à aborder plus calmement les problèmes générateurs de tension.

Cette année, vous aurez donc toutes les chances de vous épanouir sur le plan professionnel, grâce à de meilleures conditions de travail, des horaires aménagés, des gains et des satisfactions. Certains s'orienteront vers un métier plus stimulant en contact direct avec le public, dans le tourisme ou l'accueil par exemple.

• Vos vacances

En 2005, vos meilleures périodes de vacances se situent aux mois de mars, avril, mai, juin, août, septembre et octobre. Les destinations lointaines et les visites à l'étranger étant particulièrement favorisées, vous vous sentirez prêt à effectuer ce magnifique voyage que vous vous promettez de faire depuis longtemps.

Attiré par les sites pittoresques, vous préférerez voyager avec des amis randonneurs plutôt qu'avec ceux qui aiment s'adonner au farniente. Vous serez d'humeur à vous amuser et à tirer le meilleur parti des distractions offertes.

Les dépenses ne seront pas un problème pour vous cette année. L'argent sera disponible au moment voulu, et la gestion prudente de votre budget vous empêchera de manquer de fonds. Vous serez peut-être aussi tenté par une luxueuse croisière tropicale pour échapper au froid hivernal, respirer l'air marin et profiter de tous les plaisirs qui l'accompagnent.

Voir les autres s'affairer dans la cuisine et s'empresser de vous servir sera votre rêve en 2005. Vous n'aurez qu'une seule envie : vous lever le matin et vous coucher le soir, sachant que vous n'aurez pas à lever le petit doigt.

Les voyages s'annoncent sûrs et agréables pour vous durant toute l'année. Si vous souhaitez vous éclipser à la montagne ou à la campagne, n'oubliez pas d'emporter des chaussures de marche.

• Chance et argent

Une bonne année s'annonce pour les Cancer, notamment dans le domaine de l'immobilier et de l'investissement. Des avantages pécuniaires provenant d'une source inattendue sont également possibles. La chance vous sourira surtout de septembre à décembre, lorsque le prodigue Jupiter entrera dans le signe du Scorpion.

Ne vous étonnez pas si vous êtes très occupé à décorer votre intérieur, à recevoir des visiteurs ou des invités : vos activités mondaines occuperont une grande partie de vos loisirs. Des événements fortuits aux mois de janvier, avril, mai, août, septembre et décembre pourraient par ailleurs vous surprendre agréablement. Une augmentation de vos revenus s'annonce grâce à l'amélioration de vos perspectives professionnelles. Ce sera aussi une excellente année pour échanger des idées sur une affaire ou un placement avec des spécialistes. Vous pourrez réaliser des bénéfices dans la promotion immobilière, la spéculation boursière, l'achat, la vente ou le commerce, ou bien en vous intéressant à un projet de capitalisation à long terme.

Un contrat avec un éditeur, un imprimeur, un prestataire ou un entrepreneur vous réjouira, et vous recevrez peut-être de superbes offres de promotion personnelle. Prenez votre destinée en main cette année et façonnez-la à votre guise : votre esprit inventif vous vaudra le respect et l'approbation de beaucoup.

Un détail intéressant ou attrayant retiendra peut-être votre attention, ou influencera votre décision concernant un placement d'avenir. Avec Uranus en transit dans le signe des Poissons, cette année promet d'être riche en imprévus, aussi préparez-vous pour un cycle passionnant de changement et de variété. Vous recevrez peut-être de bonnes nouvelles à propos d'un règlement juridique ou d'une transaction d'assurances.

• Votre santé et votre bien-être

Votre nervosité, tout au long de cette année, pourrait entraîner stress, dépression ou hystérie, créant parfois une addiction compulsive au travail. Il est donc important que votre alimentation soit riche en vitamines B.

La présence de Saturne dans votre signe jusqu'à la mi-juillet pourrait provoquer des affections respiratoires telles que rhume, grippe, bronchite, pneumonie ou congestion pulmonaire, sans oublier le rhume des foins. Vous serez en outre prédisposé à l'arthrite et aux rhumatismes articulaires.

Des troubles nerveux pourraient également apparaître à la suite d'une carence en calcium et en manganèse. Vos problèmes de santé à court terme seront peut-être dus à une rétention des liquides dans le corps ou à une carence en vitamine B2, en fluor ou en potassium. Cela pourrait engendrer des problèmes gastriques occasionnels.

Il est par conséquent recommandé d'inclure dans votre régime les aliments suivants : betteraves, brocolis, laitue, soja, épinards, cresson, endives, pommes de terre, abricots secs, mûres, mangues, cacahuètes, mandarines, bananes, germes de blé, fromage frais et œufs, et de boire une grande quantité d'eau minérale pure.

Vos problèmes de santé à long terme résulteront peut-être d'une carence en protéines, en gaz carbonique, en vitamines C et K ou acide folique, ou bien d'une absence de fixation du calcium. Cela pourrait fragiliser votre structure osseuse et favoriser les luxations (surtout aux chevilles), la sécheresse de la peau et la calvitie. Le séjour de Jupiter en Balance pendant la majeure partie de l'année risque d'induire des pathologies liées à la suralimentation, à la surexcitation nerveuse et au laisser-aller. Cette planète peut en effet favoriser l'obésité et la négligence sur le plan sanitaire. Prenez soin de votre foie et limitez votre dose de nourriture ; évitez de manger trop et ne consommez pas d'aliments frits ou gras.

Vous vous tracasserez pour des détails au lieu de vous concentrer sur l'essentiel. Vous vous montrerez sensible aux phénomènes psychiques et enclin à laisser vos émotions influencer votre jugement.

Mû par votre instinct protecteur et nourricier, vous aurez aussi tendance à vous montrer possessif. Réprimez ce penchant, sinon vous connaîtrez de graves difficultés dans vos relations personnelles. Le stress sera parfois dur à gérer cette année à cause des tensions que vous subirez dans votre vie domestique et professionnelle.

Apprenez à déléguer une partie de vos obligations afin d'avoir une vision plus claire de la situation. Pour éviter l'anxiété, restructurez votre système de valeurs et oubliez vos incertitudes concernant les questions matérielles ; elles se résoudront d'elles-mêmes.

Cancer

Vos prévisions
pour 2005

Mois par mois,
semaine par semaine,
jour par jour

CANCER

Janvier
tableau journalier

Dim	Lun	Mar	Mer	Jeu	Ven	Sam
						1 ♥
2 ♥	3 ⛈	4 🍀👤	5	6 👤	7 👤♥	8
9	10 ♥	11 👤	12	13 🍀👤	14 🍀♥👤	15 🍀
16	17 👤	18	19 ♥👤	20 ♥👤	21	22 🍀
23 ♥⛈	24 👤	25 ⛈	26 ⛈	27 👤	28 ♥🍀👤	29 ♥
30 ♥	31 👤♥					

👤 Travail ♥ Amour 🍀 Chance ⛈ Prudence

Janvier 2005

Le Soleil traversera votre secteur des partenariats et des affaires juridiques pendant la majeure partie de ce mois. Ce sera la période idéale pour conclure un accord avec une personne de confiance et orienter ensemble vos activités vers l'objectif choisi.

Dès le 5 janvier, jour où Mercure et Pluton entreront en contact, attendez-vous à voir de nombreux changements se produire autour de vous, vous offrant une occasion de lancer un nouveau projet ou de prendre un nouveau virage. Lorsque le Soleil se heurtera à l'expansif Jupiter du 7 au 9 janvier, vous serez amené à prendre une grande décision.

Le 14 janvier, toutes les formes de communication vous mettront dans une attente fiévreuse. Vous recevrez peut-être une bonne nouvelle concernant un emploi.

Le 25 janvier, de nombreux problèmes affectant votre vie quotidienne et vos rapports avec vos proches pourront être résolus, à condition que vous vous absteniez de déballer tout ce que vous avez sur le cœur. A partir du 29, vos rêves sont susceptibles de se concrétiser si vous faites preuve d'assurance. D'excellentes opportunités vous attendent ce mois-ci grâce à vos contacts personnels avec les autres. Vos idées trouveront un écho favorable et une modification d'emploi du temps permettra de supprimer de nombreux inconvénients.

Janvier sera un mois où vous aurez très envie d'occuper le devant de la scène : profitez de toutes les situations pour améliorer votre image publique. Ce sera une bonne période pour solliciter les faveurs de gens influents, qui seront impressionnés par vos talents. Une période idéale aussi pour demander une augmentation de salaire ou acheter un objet neuf pour la maison ou le bureau.

Cancer

Des changements s'annoncent pour le 31 janvier : ne vous laissez pas prendre au dépourvu!

Amour

Le 4 janvier, Vénus nouera avec Pluton une merveilleuse alliance, ce qui aura pour effet de vous rendre profondément amoureux de l'amour. Les idylles seront alors favorisées, mais prenez garde à la jalousie et à la possessivité qui pourraient vous étreindre.

Célibataires, vous entendrez certainement des paroles encourageantes concernant votre avenir sentimental le 12 janvier. Le 14 janvier, abordez les gens de façon constructive, défendez vos intérêts ou impressionnez vos nouvelles connaissances : cela pourrait se révéler rentable. Dans votre vie amoureuse, le thème sera la tendresse le 19 janvier. Montrez-vous attentionné, mais évitez l'excès de zèle !

Vénus s'opposera au raisonnable Saturne à partir du 27 janvier. Une nouvelle idylle naîtra peut-être avec un partenaire d'âge mûr, ou alors vous aurez la côte auprès d'une personne âgée. Le 29 janvier, lorsque Mercure s'alliera à Chiron, vous ferez preuve d'une grande lucidité dans tous vos rapports amoureux et amicaux. Vous adopterez aussi un comportement exemplaire devant les gens que vous souhaitez impressionner. Sur le plan relationnel, ce sera un bon mois, et notamment pour rechercher de nouveaux échanges sociaux. Si les gens comptent sur vous pour assouvir d'importants besoins affectifs le 31 janvier, ne vous montrez pas trop complaisant juste pour gagner leur estime.

Chance

Grâce au Soleil qui transite à travers les signes du Capricorne et du Verseau pendant ce mois, un voyage entrepris avec votre famille ou des amis se révélera attrayant et revigorant. Vos activités au sein

Janvier 2005

d'un groupe ou d'une organisation vous apporteront beaucoup de satisfactions et de joies. Le 13 janvier, vous contacterez peut-être un étranger ou un agent de tourisme qui vous aidera à mettre sur pied un projet personnel ou un voyage. Ce sera un excellent mois pour solliciter les faveurs de personnes haut placées ou influentes que vous fréquentez depuis un certain temps. Votre optimisme et votre regain d'assurance galvaniseront par ailleurs les autres. A partir du 15 janvier, la chance vous sourira dans les jeux de hasard et d'argent : certains d'entre vous pourraient même toucher le pactole. Vous pourrez également réaliser des gains grâce à une activité musicale ou théâtrale. Parmi un abondant courrier, un message vous apportera de bonnes nouvelles le 19 janvier – jour idéal pour vous lancer dans une nouvelle entreprise.

Conseils hebdomadaires

1-9 : Des problèmes privés liés à votre passé referont surface avant d'être réglés une fois pour toutes cette semaine. Vous susciterez pendant cette période l'admiration, l'affection ou l'attention de nombreuses personnes. Vos sentiments amoureux et votre soif de beauté seront intenses. Vous exercerez peut-être vos talents créatifs en embellissant votre cadre de vie et en soignant votre apparence. N'hésitez pas à vous offrir un objet d'art ou un petit plaisir personnel. Des réunions familiales ou amicales vous apporteront du bonheur. Les enfants joueront également un rôle important cette semaine et une information concernant leurs progrès vous enchantera. Une reconversion professionnelle pourrait vous ouvrir des perspectives inespérées. Une agréable surprise s'annonce aussi sur le plan financier.

10-16 : Vos efforts seront axés sur votre carrière ou sur la recherche d'un nouvel emploi. Vous gagnerez peut-être plus d'argent grâce à une promotion ou un nouveau poste. Ce sera une merveilleuse période d'épanouissement et de prospérité. Vos relations seront particulièrement affectueuses et amicales, et vous retirerez un avantage social ou matériel d'un coup de pouce donné par un ami influent. Attendez-vous à de nombreuses fêtes, sorties et autres activités agréables. Une grande réception vous fera rencontrer des gens importants pour votre avenir. Un voyage se révélera très enrichissant.

17-23 : Vous serez enclin à investir du temps et de l'argent pour rendre votre intérieur plus confortable cette semaine. Votre vie sentimentale fera quant à elle un grand bond en avant : les célibataires trouveront peut-être l'âme sœur. Vos relations sociales se révéleront par ailleurs très constructives. Une aubaine financière se présentera peut-être, ou on vous accordera un prêt important dans une banque. Restez sur le qui-vive : le rythme de cette semaine s'annonce rapide, voire frénétique. Vous vous montrerez impatient, et avide d'aller à la rencontre des autres, de discuter avec eux, d'échanger des informations et de créer des liens. Nervosité et irritabilité sont toutefois à craindre à cause des contrariétés et du stress engendrés par l'accroissement de vos obligations professionnelles.

24-31 : Votre famille et votre couple figurant en tête de vos priorités, vous vous efforcerez d'exprimer vos sentiments et d'écouter avec attention ce que disent les autres afin de régler certains différends. Ce sera une excellente semaine pour discuter affaires avec un expert ou pour dissiper vos griefs envers ceux qui se sont opposés à vous dans le passé. Respectez votre code éthique et résistez aux pressions de ceux qui prennent des libertés avec la loi. Surveillez votre niveau de stress, sinon votre santé risque d'en pâtir. Le sport, les activités de plein air, la gymnastique ou la culture physique pourront vous intéresser.

CANCER

Février
tableau journalier

Dim	Lun	Mar	Mer	Jeu	Ven	Sam
		1	2 Amour	3 Travail	4	5 Amour
6 Prudence	7 Travail	8 Amour/Chance	9 Prudence	10 Chance	11 Travail	12 Amour
13 Chance	14 Amour/Prudence	15 Travail/Chance	16	17 Amour/Chance	18 Amour/Travail/Prudence	19
20 Prudence	21 Travail	22 Chance	23 Travail	24 Amour	25 Travail	26 Amour
27 Amour	28 Travail/Chance					

Travail · Amour · Chance · Prudence

Février 2005

Mercure, la planète de la communication, s'unira à Neptune le 8 février : vous fourmillerez d'idées créatrices qui vous aideront à progresser dans la poursuite de vos rêves et de vos aspirations. Ce sera une période constructive où vous exprimerez vos sentiments à cœur ouvert. Le 10 février, Mercure et Jupiter feront ressurgir ces motivations sous-jacentes et vos relations amicales deviendront alors plus profondes et plus riches. Même si ce processus s'opère naturellement, vous pourrez le renforcer en saisissant courageusement les occasions de mieux vous connaître et de comprendre les autres.

A partir du 14 février, quand Mars et Uranus s'uniront, préparez-vous à voir les événements se précipiter. Une tendance à l'embonpoint vous incitera par ailleurs à surveiller votre santé et à modifier vos habitudes alimentaires le 15 février, et vous déciderez peut-être de faire régulièrement de l'exercice, d'employer un entraîneur personnel ou d'adhérer à un club de gymnastique. Le 21 février, les contrariétés éventuelles laisseront place à de nouvelles opportunités : aussi, apprêtez-vous à changer de cap. Ce sera un mois exceptionnellement propice à l'aventure et aux voyages, et le moment sera bien choisi pour signer des contrats, acheter, vendre, négocier ou remplacer un bien de valeur. Un service pourrait vous être rendu par un ami ou un collègue de travail le 22 février. Dans l'ensemble, février sera le mois idéal pour essayer de concrétiser vos désirs et vos espoirs. Ne perdez pas de temps à méditer sur vos projets ou vos nouvelles activités : le monde vous appartient, et la situation est sûre et stable. Restez toutefois vigilant, car vous devrez peut-être prendre des décisions de plus en plus rapides au fil des jours.

Pour améliorer vos relations professionnelles – ce qui se révélera payant à la longue –, vous risquez de passer plus de temps à faire des choses pour les autres que pour vous-même. Une activité collective, une collaboration ou un changement dans votre cadre de vie vous motivera comme jamais aux alentours du 28 février.

Amour

Vénus, Jupiter, Neptune et Pluton domineront votre vie sentimentale pendant ce mois, surtout les 15, 17 et 22 février : attendez-vous à une merveilleuse période de sécurité affective et de stabilité amoureuse. Ce sera un mois de bonheur, où votre cœur vibrera à l'unisson de vos émotions. On vous fera une requête inhabituelle concernant votre partenaire le 20 février. Soyez circonspect dans votre réponse, sinon vous vous exposerez à une désillusion. Vous recevrez probablement des gages d'affection par des voies singulières, aussi guettez l'imprévu. Lorsque Vénus s'alignera avec le chanceux Jupiter, votre intuition vous sera utile au moment de prendre une grande décision concernant votre vie amoureuse. Février sera un mois très romantique car, désireux d'échapper au tourbillon de votre vie quotidienne, vous prendrez le temps de vous détendre et de vous ressourcer auprès de votre partenaire. Une balade en forêt ou au bord d'un lac, un séjour à la montagne ou à la plage vous séduira.

Votre tempérament énergique, s'il est bien maîtrisé, sera un avantage pour écarter les obstacles de votre route et rallier les gens à votre cause. L'amour sera important pour vous le 22 février, lorsque Vénus et Pluton s'allieront, et l'harmonie régnera dans votre couple, à condition que vous agissiez en accord avec vos sentiments.

Le 28 février, vous pourriez éprouver une immense tendresse pour l'élu de votre cœur, avec qui vous vivrez une relation idyllique. Grâce à votre attitude plus pragmatique, plus réaliste et plus sereine, vous serez cependant capable d'une réflexion qui transcendera n'importe quel traumatisme ou désarroi. Les célibataires pourraient envisager le mariage dans les semaines à venir.

CANCER

Chance

Le Soleil formant une belle alliance avec Jupiter pendant la semaine du 6 au 12 février, beaucoup d'heureux moments et de bonnes surprises vous attendent par le biais de la famille, des amis, du travail et des biens immobiliers. Pour ceux qui poursuivent des études ou une formation, ce mois sera propice aux récompenses ou aux félicitations pour un devoir ou un examen. Une amélioration de votre niveau de vie s'annonce également grâce à l'augmentation de vos finances à partir du 14 février. Les relations publiques étant favorisées, ce sera aussi un cycle riche en opportunités si vous travaillez dans le domaine des arts du spectacle, de la musique, des activités culturelles ou sportives.

Des contrats ou de nouvelles perspectives professionnelles aussi pourraient s'offrir à vous. Une hausse soudaine de vos revenus due à une promotion ou à une meilleure conjoncture vous enchantera. Dites oui à toutes les invitations : elles vous permettront d'élargir votre cercle social et de vous faire de nouveaux amis.

Conseils hebdomadaires

1-6 : Evitez de vous montrer arrogant ou de manquer d'égards envers les autres cette semaine. Des accidents, des malentendus ou des conflits d'ego risquent de se produire à cause de votre impatience et de votre obstination. Sur le plan sentimental, vous serez au septième ciel ; un coup de foudre n'est pas à exclure pour certains. Une merveilleuse surprise s'annonce aussi sur le plan financier. Bref, la chance vous sourira de façon inespérée. Votre sollicitude envers les gens et votre empressement à aller au-devant d'eux servira votre carrière, votre réputation ou votre image. N'hésitez pas à participer à des mondanités avec vos relations de travail : la sympathie que vous générerez favorisera certainement votre avenir. Vous aurez également à cœur d'embellir votre intérieur ou votre

Février 2005

bureau et vous porterez un intérêt accru à votre aspect physique. Un bon film sera parfait pour vous détendre.

7-13 : Communications, envoi et réception de messages et exécution de tâches exigeant de la précision constitueront l'essentiel de vos obligations du moment. Pour une fois, vous resterez calme et optimiste – conditions idéales pour exposer vos idées et votre point de vue aux autres. En exprimant clairement votre pensée, vous réussirez peut-être à acquérir aussi un peu de bon sens. Achats, ventes et négociations s'annoncent rentables : vous réalisez des bénéfices grâce à des actions boursières ou en investissant dans une nouvelle affaire. Votre vie de couple entrera dans une merveilleuse phase d'épanouissement, mais évitez d'étouffer votre partenaire en vous montrant trop possessif ou trop entreprenant.

14-20 : Si un malentendu s'est créé, vous aurez la possibilité de le dissiper cette semaine. Une confrontation décisive aura peut-être lieu avec un membre de votre famille ou un être qui vous est cher. Votre nature exigeante risque de vous nuire si vous ne dominez pas vos sentiments. Ce sera le moment de tendre la main aux autres, de leur demander conseil, d'écouter un ami capable de vous éclairer sur un problème. Consulter un spécialiste pour des raisons médicales, professionnelles ou personnelles se révélera aussi très utile et constructif. Vos activités mondaines risquent de vous épuiser.

21-28 : Votre sensibilité et votre besoin d'amour et d'affection éclateront au grand jour. Certains canaliseront ces sentiments dans une œuvre créatrice ou artistique. Restez aux aguets, car ce sera une semaine mouvementée, fertile en surprises et en merveilleuses rencontres. Une nouvelle amitié pourrait se transformer en relation amoureuse durable. Les invitations pleuvront, et une grande réception vous permettra de côtoyer des célébrités. De superbes perspectives professionnelles s'ouvriront devant vous : certains changeront de métier ou se lanceront dans un nouveau projet. Les voyages seront favorisés, mais gare aux dépenses !

CANCER

Mars
tableau journalier

Dim	Lun	Mar	Mer	Jeu	Ven	Sam
		1 Travail	2 Travail	3 Chance	4 Travail	5
6 Chance	7 Prudence	8 Amour Travail	9 Prudence	10 Amour Travail	11	12
13 Amour	14 Prudence Chance	15 Amour Travail	16 Prudence	17 Amour Travail	18 Travail	19
20	21 Prudence	22 Amour Travail	23 Chance	24 Chance Travail	25 Travail	26
27 Amour	28 Travail	29	30 Chance Travail	31 Amour Travail		

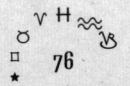

Travail **Amour** **Chance** **Prudence**

Mars 2005

Avec plusieurs aspects planétaires discordants dans votre ciel ce mois-ci, ne soyez pas surpris si un conflit vous oppose à votre partenaire, votre patron ou un collègue de travail au sujet de vos obligations respectives. Incapable de vous contenter de réponses superficielles, vous vous emporterez en effet contre les gens qui refusent de regarder en face les causes profondes ou les raisons cachées d'une situation donnée, surtout le 3 mars. Vous aurez tendance à imposer votre point de vue aux autres pendant ce mois et vous vous acharnerez sur un problème jusqu'à ce que vous l'ayez résolu.

Le 6 mars, Mercure et Chiron vous soutiendront dans le domaine des relations publiques, de la concurrence et des tâches courantes. D'autres activités occuperont une grande partie de votre temps à partir du 8 mars, dans la mesure où vous chercherez à vous perfectionner dans un domaine ou à élargir vos centres d'intérêt. Le 14 mars, vous ferez preuve d'une grande créativité et vous aurez peut-être une prémonition concernant l'issue probable d'un projet ou d'une situation nouvelle. Continuez à agir de façon pragmatique le 22 mars et, votre processus mental s'accélérant, méfiez-vous de votre impulsivité.

Vous appréhenderez facilement les nouveaux concepts le 25 mars, mais vous aurez du mal à supporter les esprits lents ou l'inévitable routine. Des gestes imprudents, une attitude ou des paroles impulsives, une tendance à tirer trop vite des conclusions étant également à craindre, ralentissez votre rythme et prenez le temps de la réflexion.

Votre argent, votre sécurité financière et les questions d'ordre pratique seront au cœur de vos préoccupations durant ce mois. Si vous avez eu du mal à joindre les deux bouts jusqu'ici, vous commencerez sans doute à entrevoir la lumière au bout du tunnel. Tout au moins, vous saurez maintenant quelles mesures prendre pour améliorer vos revenus et votre sécurité matérielle en général.

Cancer

Amour

Le séjour de Vénus dans le signe des Poissons pendant la majeure partie de ce mois vous mettra aux anges, car vous goûterez de nombreux moments d'amour et d'affection. Le 8 mars, gardez la tête froide dans vos rapports sentimentaux ; ne vous montrez pas non plus trop impatient sur le plan sexuel, car vous risquez une déconvenue.

Un ami d'enfance vous fera plaisir le 18 mars en évoquant un souvenir lié à votre passé, ou une idylle naissante vous rendra euphorique. Le 23 mars, Vénus et Chiron se réconcilieront : ne laissez pas échapper une occasion de rencontre qui pourrait déboucher sur une relation prometteuse. Appuyez cependant sur le frein entre le 29 et le 31 mars. A cause de votre impatience, vous risquez de vous heurter à quelques difficultés imprévues avec votre conjoint.

Un regain d'intérêt pour la musique, la peinture et le théâtre pourrait vous conduire sur la piste d'un nouvel amour. A défaut, vous retrouverez peut-être un camarade perdu de vue ou vous nouerez une riche amitié avec une personne brillante et talentueuse.

Ce mois s'annonçant dans l'ensemble merveilleux pour vos relations personnelles et votre vie amoureuse, profitez-en pour présenter votre partenaire aux autres, car vous aurez besoin de leur soutien et de leurs conseils. Vous vous évertuerez peut-être à réparer vos torts envers un membre de votre famille ou un ami intime, ou vous ferez preuve d'une plus grande empathie dans vos rapports sociaux. Votre bienveillance et votre compréhension envers les gens en général seront la clé de votre succès.

Chance

A cause de la combinaison détonante formée par Mars et Saturne, la chance vous boudera quelque peu ce mois-ci, surtout le 8 mars. Un voyage à longue distance sera favorisé le 15 mars et vous recevrez peut-être une réponse affirmative concernant un emprunt. Des bénéfices pourront également être réalisés dans l'immobilier. Certains natifs du Cancer décideront de fonder une entreprise, de changer de métier ou de se reconvertir dans une nouvelle branche.

Ce sera une période pour solliciter une aide financière, surtout les 23 et 25 mars, et votre requête sera suivie d'effet. De merveilleuses opportunités s'offriront également à vous sur le plan familial et amical, et les réceptions auxquelles vous assisterez seront très réussies.

Un document ou un colis très attendu vous parviendra enfin et un coup de téléphone vous rassurera quant au bon déroulement de vos projets. Vous serez enclin à jeter l'argent par les fenêtres, car la fortune affluera de sources inattendues, surtout pendant la dernière semaine de mars. De nombreuses surprises s'annoncent : restez aux aguets et ne laissez pas la chance passer à côté de vous.

CONSEILS HEBDOMADAIRES

1-6 : Semaine idéale pour prendre un nouveau départ et saisir l'occasion d'aborder la vie sous un autre angle. Vous serez peut-être d'humeur à prendre des risques. Le jeu vous appâtera, de même que les gains – vous serez dans une bonne passe. On vous offrira peut-être un voyage aventureux avec votre amoureux. A cause de votre impatience et de votre impulsivité, vous risquez de commettre des erreurs en tirant des conclusions trop hâtives. Un accident est aussi à craindre en raison de votre précipitation. Décidé à vous battre pour obtenir ce que vous voulez et pour défendre vos idées, vous vous montrerez très clair et convaincant, mais vous aurez aussi tendance à susciter plus de controverses ou de rivalités que nécessaire. Un de vos parents ou un membre âgé de votre famille aura besoin d'aide. Ne vous énervez pas : un compromis satisfera tout le monde.

7-13 : Une expansion s'annonce dans votre travail ou vos activités intellectuelles. Un large éventail de possibilités s'ouvrira devant vous tandis que vous traverserez cette semaine, la tête emplie de nouvelles idées stimulantes. Ce sera un cycle prodigieux au cours duquel vous réussirez à résoudre certains problèmes épineux. Vous n'aurez aucune peine à parler de vos émotions, ni à écouter attentivement les autres, et vos rapports avec les femmes seront excellents. Un fait important ou confidentiel lié à votre couple pourra vous surprendre. Saisissez cette occasion pour évacuer les griefs que vous nourrissez depuis le passé. Votre santé sera florissante et l'argent s'accumulera sur votre compte en banque. Un enfant ou un membre de votre famille se retrouvera peut-être dans une situation insolite. Votre animal de compagnie risque de vous poser problème.

14-20 : Ne vous ruinez pas en dévalisant les boutiques ou en multipliant les réceptions. Restez vigilant cette semaine : certains événements surviendront de façon soudaine. Un litige administratif pourrait vous concerner. Une passion, une peur, ou une jalousie cachée risque de faire remonter en vous des angoisses susceptibles de perturber l'intimité de votre couple. Vous serez enclin à vous montrer brusque ou exigeant envers votre conjoint, cherchant à précipiter un dénouement dans une situation de crise. Heureusement, vous aurez la possibilité d'approfondir ou de ranimer votre relation en acceptant de vous dévoiler entièrement à l'autre. Vous changerez peut-être d'avis concernant un investissement ou un projet. Méfiez-vous du stress, et surveillez votre santé.

21-31 : Une personne séduisante entrera peut-être dans votre vie avec l'intention de la partager cette semaine. Vos sentiments amoureux seront intenses, même si vous traversez quelques moments d'appréhension et de doute. Vos finances connaîtront une hausse spectaculaire : vous aurez l'art de vous trouver au bon endroit au bon moment lorsque la chance croisera votre chemin. Restez sur le qui-vive pour découvrir de nouveaux moyens de promouvoir vos projets personnels ou d'améliorer votre sécurité future. Vous serez plus lucide et plus objectif dans votre vie privée et vos relations que d'habitude : profitez-en pour prendre une décision constructive à propos d'un problème ancien. Discuter à cœur ouvert avec vos proches, rendre visite à des amis, vous promener en compagnie de l'être qui vous est cher figureront en tête de vos priorités. Un membre de votre famille ou un ami sera peut-être mêlé à une affaire étrange.

CANCER

Avril
tableau journalier

Dim	Lun	Mar	Mer	Jeu	Ven	Sam
					1	2 Prudence
3 Prudence	4 Travail/Amour	5 Travail	6 Chance	7 Travail/Chance	8 Prudence	9 Amour
10 Chance	11 Travail/Chance	12	13 Travail	14 Amour	15 Travail/Amour	16
17	18 Prudence	19 Travail	20 Amour	21 Travail	22 Amour	23 Chance
24 Amour	25 Travail/Chance	26 Amour	27 Travail	28 Prudence	29 Travail/Amour	30 Amour

Travail · Amour · Chance · Prudence

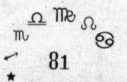

Avril 2005

Le Soleil formera une éclipse pendant le week-end du 8-10 avril, qui marquera peut-être un tournant pour vous. Jetez un coup d'œil aux journaux, vous y trouverez certainement une multitude de petites annonces qui vous ouvriront de nouvelles perspectives d'avenir. L'hospitalière Vénus et Pluton le résolu établiront pour leur part un lien favorable le 11 avril, vous mettant en contact avec des personnes très influentes ou utiles qui vous aideront à atteindre vos buts. Malheureusement, Vénus percutera Chiron le 18 avril, ce qui risque de provoquer chez vous une sensation générale de faiblesse, de maladie et une hypersensibilité aux produits chimiques. Ce sera sans doute un moment difficile. Méfiez-vous de l'alcool et des médicaments, car vous aurez du mal à maîtriser leur consommation. Vos défenses se trouvant amoindries, vous serez plus vulnérable aux agressions extérieures. Ménagez-vous et ne présumez pas trop de vos forces pour l'instant.

Même si ce mois n'est pas critique, attendez-vous à subir certaines tensions qui pourraient affaiblir votre santé, surtout pendant la dernière semaine. Une retraite partielle destinée à vous redonner des forces vous sera alors très bénéfique. D'autres personnes risquent de vous ravir la vedette au cours de vos activités courantes et les événements qui se produiront alors autour de vous pourraient vous déconcerter. Vous aurez l'impression d'être hors de votre élément, et déphasé avec vous-même ou votre environnement. Essayez de respecter un équilibre ; vos rapports avec les autres exigeront une mise au point et peut-être des sacrifices de votre part. Ce que vous avez à offrir ne correspond pas tout à fait à ce que l'on attend de vous.

Lors de cette même période, la qualité de vos échanges sociaux se dégradera. Dans vos conversations, vous ne chercherez pas à éviter certains sujets sensibles, que d'autres auraient préféré ne pas aborder. Parce que vous aurez tendance à aller droit au but sans

Avril 2005

prendre les précautions oratoires d'usage, les autres se sentiront parfois mal à l'aise avec vous.

Ce sera une période où déplacements, excursions, courses, arrangements et projets risquent de se voir compromis. Vous devrez modifier vos projets ou vos rendez-vous en fonction des difficultés qui pourraient apparaître sur le plan familial ou professionnel.

Amour

Vénus et Neptune formeront une merveilleuse configuration le 5 avril et, à la fin de cette journée, les avantages retirés excéderont largement les difficultés que vous avez dû endurer au cours des mois passés. En revanche, l'opposition de Vénus au rigide Saturne le 8 avril rendra vos relations personnelles un peu délicates. Vous aurez peut-être besoin d'avoir une longue discussion avec votre partenaire pour parvenir à un modus vivendi.

On jalouse toujours le sort de son voisin. Ce dicton se vérifiera pour vous après le 11 avril, et vous serez peut-être tenté de tout bouleverser sur un coup de tête. Le 14 avril, faites une mise au point dans votre foyer, réorganisez vos tâches courantes, mais n'essayez pas de régenter les autres, laissez-les vous seconder.

A partir du 22 avril, bonheur et harmonie régneront dans votre vie. Votre plus grand dilemme sera de choisir entre profiter égoïstement des plaisirs de la vie et contribuer utilement à aider ceux qui vous entourent. Dès le 24 avril, vous dominerez parfaitement toutes les situations et vous n'aurez vraiment pas besoin de faire appel aux autres pour vous sortir d'un mauvais pas.

Mercure et Jupiter s'affronteront quant à eux le 28 avril, jour idéal pour faire le grand ménage dans votre vie amoureuse, apporter un éventuel changement ou une mise au point, ou vous engager envers l'être qui vous a soutenu dans l'épreuve au cours des mois passés. Ne le laissez pas partir, car sans signe de votre part, il vous quittera par crainte d'être rejeté. Le 30 avril, soyez doux, attentionné et généreux envers votre partenaire et choyez-le comme il le mérite.

CANCER

Chance

Grâce à l'alliance du Soleil et de Jupiter pendant ce mois, une perspective d'emploi ou un projet exceptionnel vous enthousiasmera. Vos difficultés financières s'atténuant, vous dépenserez peut-être plus que d'habitude grâce à l'obtention probable d'une prime ou d'un gain inattendu. Avril sera un mois chanceux pour beaucoup de Cancer. Certains signeront un contrat pour des travaux d'aménagement ou s'investiront dans la décoration de leur intérieur, surtout aux alentours du 11 avril. Ceux qui souhaitent se lancer dans le bricolage ou les études, ou suivre une formation, feront leurs preuves. D'autres réussiront dans la musique, la peinture, le théâtre, la télévision ou le cinéma, avec des gains inespérés.

Vous serez également rassuré par une bonne nouvelle concernant votre santé ou un problème familial. Une cérémonie particulière, avec remise de cadeau et réjouissances diverses, vous transportera de joie. Certains s'inscriront à une compétition, à une émission de jeux ou une grande manifestation, et pourraient avoir de la chance.

Conseils hebdomadaires

1-10 : Vous serez d'humeur amoureuse cette semaine ; sur le plan sexuel, un courant électrique passera entre vous et votre partenaire. Soucieux d'avoir un maximum de confort chez vous ou au travail, vous essaierez de l'acquérir sans investir plus que le strict nécessaire. Mû par l'instinct plutôt que par la raison, vous éprouverez un besoin presque fanatique de transformer votre vie. Le stress sera peut-être difficile à gérer. Pour éviter le surmenage, déléguez certaines tâches à d'autres. L'argent affluera grâce à de bons placements.

11-17 : Restez vigilant : vous aurez cette semaine tendance à trop en faire. Grâce à votre motivation, vous serez capable de déplacer des montagnes et vous ne laisserez personne vous barrer le passage. Votre imagination romanesque sera aussi très vive. Des rêves d'amour idéal ou des sentiments de profonde sympathie pour les

Avril 2005

autres vous habiteront. Vous réussirez à vous imposer en public, et tous les efforts que vous ferez pour promouvoir votre carrière et d'autres objectifs à long terme se révéleront très efficaces. L'autonomie et la prise d'initiative seront favorisées. Vous aurez le feu vert pour dépenser votre argent ; attendez-vous à une aubaine ou à une bonne surprise. Une pluie de bienfaits vous tombera du ciel : invitations, rencontres, voyages. Ce sera une excellente semaine pour changer de cap et consolider un plan d'avenir, un poste, une idée, une activité, ou pour améliorer votre mode de vie.

18-24 : Vous déploierez de grands efforts pour discuter avec les autres sans paraître trop arrogant. On vous reprochera pourtant votre attitude irréfléchie et trop optimiste concernant un problème personnel, professionnel ou financier : acceptez d'effectuer les ajustements ou les corrections nécessaires pour régler le problème en question. Ce sera une semaine propice à l'épanouissement personnel dans le domaine de votre choix. Soyez précis dans vos communiqués et veillez à ce que tout le monde le soit aussi. Des erreurs ou des malentendus sont tout à fait possibles. Examinez d'un œil critique toutes les personnes ou choses qui croiseront votre route. L'amour vous ensorcellera : une nouvelle idylle empreinte de douceur naîtra d'un coup de foudre. Votre couple connaîtra un bonheur constant.

25-30 : Surveillez vos dépenses pour vos loisirs, car vous risquez de faire des folies. Lisez minutieusement les contrats avant de les signer ; évitez de combiner les affaires et le plaisir. Vos relations, surtout avec votre conjoint, deviendront plus intenses, plus ardentes. Sur le plan professionnel, vous serez probablement débordé à cause de vos responsabilités accrues. Vous aurez envie de vous distinguer, de devenir le centre d'attention et de voir vos mérites reconnus. Cette semaine marquera le début d'un cycle de grande réussite personnelle, et vous vous sentirez empli d'une énergie, d'une vitalité et d'une détermination nouvelles. Votre désir de repartir de zéro, de prendre des initiatives et de voler de vos propres ailes sera un moteur puissant.

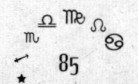

CANCER

Mai
tableau journalier

Dim	Lun	Mar	Mer	Jeu	Ven	Sam
1 ♣	2 💼♥	3 ♣	4 💼	5 ♥	6 ⛈	7 ♥ ⛈
8 ♣	9 💼♥	10	11 💼	12 ♥	13 💼♣	14 ⛈
15 ♥	16 💼	17 ♥	18 ⛈♣	19 💼	20 ♣	21
22	23 💼	24 ♣	25 ♥⛈	26 💼	27 💼♥	28
29	30 ♥♣💼	31 💼				
		💼 Travail ♥ Amour ♣ Chance ⛈ Prudence				

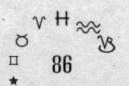

Mai 2005

Avec plusieurs aspects planétaires déroutants dans votre ciel ce mois-ci, vous serez pris dans un dilemme personnel ou professionnel. Le 7 mai, vous devrez peut-être réexaminer une affaire que vous pensiez conclue et résolue. Les négociations risquent d'être tendues le 14 mai, et un affrontement direct n'est pas à exclure. N'hésitez pas à solliciter des conseils extérieurs, sachant qu'un point de vue objectif ou adverse vous aiderait à clarifier votre jugement. A partir du 18 mai, certains de vos interlocuteurs se feront l'avocat du diable ; soyez donc très attentif. Le 20, si certains problèmes sont restés en suspens dans votre travail, ou dans vos affaires domestiques, le moment est venu de les régler définitivement. Au cours de cette période, vous analyserez avec plus de discernement toutes vos actions antérieures.

Le 25 mai sera le jour idéal pour entreprendre un programme intensif d'études ou de recherches, surtout dans les domaines touchant à la découverte de mécanismes secrets. Cela pourrait aller de la psychologie à la recherche scientifique. Vous vous orienterez peut-être aussi vers une formation professionnelle accélérée. Gardez la tête froide lorsque vous négocierez avec les autres. Vous prendrez peut-être une décision utile le 29 mai concernant un voyage imminent ou une affaire gérée à distance. On pourrait vous demander de servir d'intermédiaire pour aider les autres à aplanir un différend ; évitez de trop vous impliquer.

Pendant la dernière semaine de ce mois, vos projets d'avenir pourraient prendre une tournure plus précise, mais ne croyez pas que tout marchera comme sur des roulettes. Un nouveau concept pourrait créer un blocage. Méfiez-vous aussi des contretemps : vous devrez peut-être apporter quelques changements imprévus pour vous adapter aux autres ou à la situation donnée. Tenez tête aux obstinés qui refusent de transiger avec vous.

Cancer

Amour

Grâce à l'union de Vénus avec Jupiter, Saturne et Neptune, mai sera un mois exaltant pour votre vie amoureuse. Faites un effort particulier pour vous montrer gentil avec vos proches. Le 18 mai, vous vous sentirez aimé et rassuré, car on vous courtisera. Faites preuve de générosité envers votre entourage les 18 et 24 mai, et vous en récolterez les fruits.

Ce sera aussi un mois propice pour exprimer vos sentiments à votre famille et à vos amis intimes et vous réconcilier avec eux une bonne fois pour toutes. A partir du 20, vous envisagerez de partir en voyage avec votre partenaire afin de renforcer vos liens.

Si vous êtes célibataire, un coup de fil important préludera peut-être à un merveilleux rendez-vous. Vous rechercherez de nouvelles relations susceptibles de vous offrir plus de liberté et d'indépendance. Soyez franc et sincère dans toutes vos discussions avec vos proches.

Les gens moroses vous déplaisant, tournez-vous vers ceux qui sont enthousiastes, optimistes et enjoués. A partir du 25, vous vous efforcerez de créer un environnement plus protecteur, loin des soucis du monde. Vos rapports avec votre famille et vos amis seront alors particulièrement agréables.

Vous réussirez en effet à partager ouvertement des idées avec d'autres, en faisant preuve d'estime et de respect mutuels. Votre attitude conciliante vous vaudra peut-être un cadeau ou un avantage inattendu. Faites taire votre ego le 30 mai : apprendre à faire des concessions sera la clé de votre succès. Certains Cancer s'engageront dans une relation durable ou parviendront à mieux s'entendre avec leur partenaire.

Chance

Jupiter vous comblera de bienfaits pendant ce mois, grâce à la coopération de vos amis, qui se révélera certainement fructueuse.

Mai 2005

Préparez-vous à vivre une période extraordinaire, pleine de nouvelles entreprises et activités passionnantes. Un vieux copain réapparaîtra soudain, ou se proposera de vous aider à mener à bien un projet ou une affaire personnelle exigeant une étude approfondie. Le 19 mai, un problème concernant des enfants vous préoccupera. Attendez-vous aussi à un surcroît de responsabilités à cause de leurs activités. Attiré par les belles choses, vous investirez peut-être dans l'achat d'un meuble ancien, d'un tableau, d'une pierre précieuse ou d'un autre objet de grande valeur. Votre magnétisme vous aidera à persuader les autres de collaborer avec vous sur une question importante.

Presque toutes les tâches entreprises ce mois-ci se dérouleront comme prévu, pourvu que vous procédiez avec prudence. Un changement soudain, apparemment bénéfique, pourrait cacher des effets pervers si vous n'êtes pas vigilant. Examinez chaque situation nouvelle sous tous les angles avant d'agir. Vous réussirez à profiter des avantages et à réduire les inconvénients si vous comprenez parfaitement ce qui se passe.

Conseils hebdomadaires

1-8 : Préparez-vous pour de grands changements dans votre vie professionnelle et personnelle, avec des responsabilités accrues dans ces deux domaines. Beaucoup de courses, de déplacements et de voyages vous occuperont, ainsi que de multiples transactions. Gérez-les toutes avec soin. Votre situation financière deviendra peut-être instable et des complications sont à craindre si vous manquez de prudence. Une grosse dépense étant en vue, resserrez les cordons de votre bourse pour y faire face. Certains d'entre vous seront concernés par une reconversion ou un remaniement professionnel qui se révélera profitable pour eux. Prenez le temps de la réflexion avant de prendre une grande décision relative à votre vie privée. Des réparations concernant votre maison étant à prévoir, vérifiez toutes les prestations fournies avant de régler votre facture.

Mai 2005

9-15 : Votre confiance en vous étant plus grande, continuez à vous battre pour vos nouvelles idées, et tapez dans le mille. Votre vie est tournée vers un avenir qui s'annonce radieux ; une grande réussite personnelle devrait vous arriver bientôt. Invitations, sorties, fêtes, déplacements ou retrouvailles avec une vieille connaissance sont probables. Une semaine très chargée s'annonce sur le plan professionnel, avec d'innombrables courses, réunions et conférences qui rendront cette période idéale pour échanger librement des idées. Gardez les pieds sur terre, et ne vous laissez pas emporter par un excès d'optimisme : vous risqueriez de courir à l'échec. Votre santé exigera peut-être des soins, ou on vous imposera un régime.

16-22 : Cette semaine, vous connaîtrez peut-être la surprise de votre vie : ne vous laissez pas prendre au dépourvu! Votre rythme de vie va s'accélérer avec l'accroissement de vos responsabilités quotidiennes, mais le succès sera au rendez-vous grâce à votre esprit d'initiative et votre motivation. Des parents éloignés ou un voyage vous obligeront à modifier vos projets actuels ou à ajourner un engagement. Vos pensées se tourneront vers votre vie privée. Si vous avez tendance à vous appesantir sur le passé, essayez de le relier à votre situation présente. Ne vous affolez pas devant les changements qui s'opèrent en ce moment dans votre vie sentimentale ; vous retrouverez bientôt le moral. Soyez très prudent au volant, votre manque de concentration pourrait provoquer un accident.

23-31 : Saisi d'une illumination, vous ferez une découverte ou vous apporterez une solution neuve à un problème ancien. Votre budget devra être révisé : méfiez-vous des dépenses inutiles! Certains s'épanouiront dans le sport ou une activité de plein air. Votre soif de domination, de réussite ou de maîtrise sur votre vie sera maintenant très intense. Le tyran qui sommeillait en vous se réveillant, vous vous montrerez excessivement autoritaire et vous vous battrez contre tout obstacle à votre liberté d'action. Votre besoin de sécurité deviendra plus important chaque jour, mais vous ne devriez avoir aucun mal à le satisfaire si vous exploitez vos idées de façon imaginative.

CANCER

Juin
tableau journalier

Dim	Lun	Mar	Mer	Jeu	Ven	Sam
			1 ⛈️	2 ⛈️	3 👔 🍀	4 ❤️
5	6 🍀	7 👔 ❤️	8 ⛈️	9 👔	10 ❤️	11
12 ❤️ 🍀	13 👔	14 ❤️ 🍀	15 👔	16	17	18 👔 ❤️
19	20 ❤️	21 👔	22	23 👔 ❤️	24	25 ⛈️
26	27 👔 ❤️	28 👔 🍀	29 ❤️	30 ⛈️		

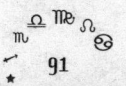

👔 Travail ❤️ Amour 🍀 Chance ⛈️ Prudence

Juin 2005

Le Soleil transitera dans votre secteur de la vie privée pendant la majeure partie de ce mois – période idéale pour vous débarrasser des problèmes superflus qui vous obsèdent. Mercure, planète de l'information et de la communication, traversera elle aussi votre signe, ouvrant la voie à de nouveaux départs, surtout les 5, 16, 26 et 28 juin.

Ce sera aussi un mois propice aux divertissements, aux sports et aux activités artistiques.

Le Soleil s'associera au créatif Neptune le 8 juin, favorisant vos rapports avec l'écriture, l'édition, le droit ou l'éducation. Vous envisagerez peut-être de faire carrière dans ces domaines, ou vous vous consacrerez à l'étude de ces sujets. Un voyage vous paraîtra un peu préoccupant le 12 juin. Réglez les problèmes urgents le 26 juin et attendez-vous à voir vos responsabilités augmenter.

Méfiez-vous des flatteurs que vous souhaiterez impressionner le 28 juin. Vénus nouera en effet une relation puissante avec Chiron pendant la dernière semaine de ce mois, et vous vous retrouverez probablement sur le devant de la scène. Les autres vous considéreront comme une personne capable de résoudre des problèmes complexes. Une réunion importante vous permettra d'éclaircir une question concernant votre sécurité financière future ou un nouveau plan d'action avant le 30 juin. Vous participerez à divers événements et projets qui mettront vos talents en valeur comme jamais auparavant.

Juin sera donc dans l'ensemble un mois heureux, riche en découvertes, en rencontres et en activités mondaines. Les gens mettront tout en œuvre pour vous aider dans vos projets. Ce sera une période d'évolution pour vos ambitions à long terme et vos espoirs d'avenir.

Juin 2005

Amour

Lorsque Vénus quittera votre signe pour entrer en Lion à la fin de ce mois, votre vie amoureuse devrait faire un grand bond en avant. Ne cachez pas vos émotions, exprimez-les franchement. Des relations agréables avec votre famille et vos amis rendront ce mois très heureux, surtout le 12 juin. Des enfants joueront aussi un rôle dans les semaines à venir, et une personne nettement plus jeune que vous pourrait vous séduire. Le 17 juin, réprimez vos émotions et ne cédez pas à des préjugés totalement irrationnels à l'encontre d'une personne avec qui vous ne vous entendez pas. Sur le plan sentimental, ce sera un bon mois pour parvenir à vos fins. L'amour sera en effet votre seule préoccupation. Tant que vous comprendrez ce qui se passe entre votre partenaire et vous et que vous ne demanderez pas l'impossible, ce mois vous apportera de merveilleuses surprises dans votre vie de couple. Vous fuirez peut-être dans un endroit exotique ou dépaysant avec l'élu de votre cœur, car vous serez d'humeur à vous abandonner au luxe et à la volupté.

A partir du 26 juin, amitiés et idylles seront privilégiées car vous vous montrerez ouvertement affectueux, chaleureux, et aussi très sensible aux gestes de tendresse. Il ne vous suffira pas d'éprouver simplement de l'attachement pour un autre, vous aurez aussi envie de l'exprimer et de le montrer physiquement.

Vous aurez probablement la possibilité de nouer de nouveaux liens qui évolueront très favorablement pour vous avant la fin du mois. Vous jouirez en effet d'une grande cote auprès du sexe opposé. Votre charme et votre pouvoir de persuasion seront alors à leur apogée, et votre magnétisme sera contagieux.

Chance

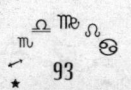

Vénus entamera un cycle positif avec la planète des surprises, Uranus, le 12 juin, présageant un mois palpitant, riche en perspectives

et en événements inattendus. Votre situation financière s'améliorera grâce à votre labeur et à un coup de chance le 16 juin. Une augmentation de salaire espérée depuis longtemps sera peut-être plus importante que prévu. Vous pourriez aussi réaliser des gains grâce à un projet de collaboration ou des placements sûrs, à condition de vous montrer patient. Faites de votre mieux pour assurer votre sécurité future : ce sera un bon mois pour prendre des dispositions efficaces. Fêtes et réceptions vous amuseront, mais elles pourraient vous laisser un sentiment d'amertume ou de lassitude.

Les échanges sociaux de la vie courante seront décontractés et très agréables ce mois-ci. Un fait nouveau ou un contexte favorable vous permettra d'améliorer vos conditions de travail ou un projet qui vous tient à cœur.

CONSEILS HEBDOMADAIRES

1-5 : Des affrontements verbaux, des disputes et des débats enflammés sont à craindre cette semaine car vous parlerez sans réfléchir et sans vous soucier des conséquences. Vous direz des choses que vous taisez généralement, surtout aux personnes avec qui vous êtes en désaccord. Vous serez aussi très impatient et enclin à vous déplacer trop vite, ce qui pourrait provoquer des accidents. A moins de ralentir un peu votre rythme, cette période promet d'être difficile. Votre imprudence risquant de se solder par une perte d'argent ou de lourdes dépenses, votre budget sera peut-être une source de désaccord entre vous et votre partenaire. Oubliez les détails pratiques et montrez plus de recul dans vos sentiments ou vos critiques.

6-12 : Votre équilibre se trouvant perturbé, vous dévoilerez sans doute une facette plus agressive de votre personnalité. Des heurts, des conflits avec les gens que vous fréquentez quotidiennement, un sentiment général de nervosité caractériseront cette période. Comme vous ne vous montrerez guère obligeant ni accommodant, ce ne sera pas le moment opportun pour essayer de conclure un accord. Néanmoins, vous aurez besoin d'exposer ouvertement vos griefs, autrement la tension s'accumulera jusqu'à un niveau ingérable. Votre soif d'autorité, de reconnaissance personnelle pour vos efforts et de maîtrise absolue sur vos propres affaires sera maintenant très intense.

13-19 : Vos nouvelles amitiés vaudront la peine d'être cultivées, et vous réussirez peut-être à aplanir des difficultés récentes dans votre couple en partageant des activités avec des amis communs. Cette semaine favorisera le travail intellectuel et l'organisation mais, à cause des nombreux événements qui se produiront autour de vous, vous vous sentirez parfois tendu. Restez vigilant, surtout dans vos affaires professionnelles et vos tâches courantes. Votre travail efficace auprès d'enfants ou d'adolescents vous conférera de l'autorité et du prestige. Vous pourrez introduire dans votre vie des changements qui enrichiront votre savoir et votre expérience. Une occasion soudaine se présentera concernant un bien immobilier, un voyage ou un emploi.

20-30 : Vous pourriez cette semaine entreprendre beaucoup de choses avec un espoir de réussite et de coopération de la part des autres. Attendez-vous à une période faste de nouveauté et de stabilité. Ce sera une semaine très active et fertile en surprises. Vos services seront de plus en plus recherchés, et les autres vous trouveront très motivé dans la poursuite de vos objectifs. Relations et argent afflueront vers vous. Sur le plan sentimental, ralentissez et réfléchissez à deux fois avant de vous engager. Vous risquez de trop en faire si vous n'y prenez pas garde. Vos placements auront un côté sage et votre situation financière sera florissante, à condition de parvenir à un compromis avec votre partenaire.

CANCER

Juillet
tableau journalier

Dim	Lun	Mar	Mer	Jeu	Ven	Sam
					1	2
3 ♥	4 💼	5	6 ♥💼🍀	7 💼🍀	8	9 ♥
10	11 💼	12 ⛈	13	14 ♥💼	15 💼	16 🍀
17	18 🍀	19 💼	20 ♥💼	21 ⛈	22 💼	23 ♥
24 ♥	25	26 💼	27 ♥💼🍀	28 💼⛈	29 ♥	30 ⛈
31 ⛈						

💼 Travail   ♥ Amour   🍀 Chance   ⛈ Prudence

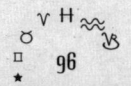

JUILLET 2005

Avec le Soleil en transit dans votre signe pendant la majeure partie de ce mois, attendez-vous à une période très mouvementée, car de nombreux changements commenceront à s'opérer autour de vous. Certains Cancer décideront de faire le saut dans l'inconnu pour prouver qu'ils sont capables d'expérimenter de nouvelles méthodes.

A partir du 7 juillet, votre besoin d'élargir vos horizons et de vous affranchir des contraintes de votre mode de vie actuel sera en effet le thème dominant. Vous vous sentirez prisonnier d'un environnement et de gens simplistes, étroits d'esprit et mesquins. Vous aurez l'impression d'être un lion en cage. Entre le 9 et le 12 juillet, votre travail, votre cercle d'amis, votre quartier, presque tous les aspects de votre vie vous sembleront étriqués. Harcelé d'obligations, vous aspirerez désespérément à une plus grande liberté. Vous jugerez peut-être que les nombreux objectifs que vous vous étiez fixés au départ ne valent finalement pas la peine d'être poursuivis.

Le 18 juillet, grâce à de bons auspices planétaires qui favoriseront vos vœux et vos espoirs, vous aurez une chance d'agir avec un maximum d'efficacité. Profitez de l'occasion qui vous sera offerte d'acquérir plus de pouvoir et d'ascendant sur les autres. Ce sera le moment adéquat pour établir de bonnes relations avec des dirigeants, des personnes influentes ou des associés. Le 25 juillet, certains commenceront un nouveau travail, tandis que d'autres entreprendront des études ou une formation pour développer leurs compétences afin d'être plus performants.

Mars entrera dans le signe du Taureau au cours de la dernière semaine, qui se révélera propice aux associations d'affaires. Des personnes contactées à l'étranger et liées au droit, à la médecine, à l'enseignement ou à l'écriture entreront peut-être dans votre vie.

Ce sera le moment idéal pour conclure un accord ou une affaire importante figurant à l'ordre du jour.

Amour

Vénus, qui transitera dans le signe du Lion pendant la majeure partie de ce mois, devrait vous aider à atteindre vos objectifs amoureux, car vous serez plus ouvert et plus direct. A partir du 7 juillet, un cycle de bonnes relations affectives s'annonce et rien, ou presque, ne vous contrariera, à condition que vous évitiez les actions impulsives. Vénus vous émoustillera lorsqu'elle se liera aux fougueux Mars et Pluton à partir du 16 juillet. Au cours de cette période, gardez les pieds sur terre et ne laissez pas vos sentiments s'emballer. Vous serez accueillant envers les étrangers et vous manifesterez davantage vos émotions. Les gens se montreront plus sympathiques que d'habitude, ce qui vous rendra moins réservé entre le 20 et le 27 juillet. Vous adopterez un nouveau comportement avec votre famille et vos amis, ou vous renoncerez à une de vos petites faiblesses.

Vos sentiments seront ardents, voire passionnés, ce mois-ci. Lorsque Vénus formera un aspect perturbateur avec Uranus au cours de la dernière semaine, vous serez plus influencé par le sexe que d'ordinaire. Il sera alors préférable de vous abstenir de traiter des affaires exigeant une rigoureuse objectivité car, irrésistiblement attiré par le sexe opposé, vous risquez de ne plus pouvoir vous dominer.

L'amour occupera donc une grande place dans votre mois, et vous vous sentirez peut-être tiraillé dans plusieurs directions. Cette disharmonie intérieure pourrait engendrer des difficultés dans votre couple. Une idylle née au cours de cette période connaîtra une profonde évolution à l'avenir. Vos relations amoureuses deviendront plus intenses et plus satisfaisantes et, grâce à elles, vous aurez une chance d'améliorer votre vie.

Chance

Juillet 2005

Vous éprouverez un besoin de sérénité et de sécurité au cours de ce mois. Ce sera un cycle favorable pour toutes les formes de négociation et de spéculation. Le 12 juillet, un contrat ou un marché conclu dans le passé se révélera sans doute peu avantageux. Ce sera néanmoins un moment propice pour négocier avec un intermédiaire, un représentant de la loi ou un vendeur, ou pour effectuer une transaction immobilière. Vous pourrez maintenant agir en ayant une vision complète des buts à atteindre et des moyens d'y parvenir.

Des gains obtenus grâce à un enfant, un placement, un jeu d'argent ou de hasard rendront ce mois mémorable. Si vous pratiquez un sport, une compétition vous obligera peut-être à affronter un juge, un officiel ou un arbitre, qui se ralliera facilement à votre point de vue. Si un problème de nature personnelle ou professionnelle se pose, n'attendez pas pour vous expliquer : battez le fer tant qu'il est chaud! L'argent affluera dans vos caisses.

Conseils hebdomadaires

1-10 : Essayez cette semaine de préserver quelques moments de liberté et de disponibilité dans votre emploi du temps surchargé. Animé par un regain d'énergie, de volonté et de courage, vous canaliserez peut-être ces sentiments dans une œuvre créatrice ou artistique, qui reflétera votre personnalité profonde. Vos finances remonteront en flèche car vous recevrez une augmentation de salaire ou une offre d'emploi alléchante. Un coup de chance n'est pas à exclure non plus. Guettez les nouvelles opportunités : un changement s'annonce. Un problème professionnel pourrait vous perturber : n'y pensez plus, et évitez de vous tracasser pour rien ! Une nouvelle amitié ou idylle naîtra peut-être, ou une ancienne relation retrouvera sa flamme.

11-17 : Votre combativité, votre dynamisme et votre énergie sexuelle seront stimulés, mais vous deviendrez aussi plus irritable cette semaine. A moins que vous ne canalisiez votre abondante

JUILLET 2005

énergie dans l'action ou dans un travail vigoureux, des accidents et des accrochages sont à craindre. Dans l'ensemble, vous aurez l'esprit vif et alerte, et votre capacité à appréhender de nouveaux concepts augmentera. Toutefois, vous aurez tendance à vous emporter si les choses ne marchent pas comme vous le voulez. Un voyage s'annonce passionnant, avec de nombreuses surprises à la clé. Vous aurez aussi besoin de vous entourer de beauté et d'harmonie et vos penchants artistiques s'affirmeront. L'argent s'accumulera grâce à votre travail et à un budget équilibré.

18-24 : Souplesse d'esprit, pragmatisme et capacité à s'adapter à une situation imprévue sont des qualités qui s'imposeront à vous, car le rythme de cette semaine sera très rapide. Ce sera une bonne période pour élaborer un projet ou une stratégie, ou commencer un cycle d'études ou une formation. S'il y a une personne séduisante que vous rêvez d'aborder, le faire maintenant vous donnera une chance de créer entre vous des liens qui préluderont à une belle histoire. Il est temps pour vous d'exprimer le fond de votre pensée ou de vos préoccupations concernant votre situation professionnelle. Une agréable somme d'argent ou un cadeau vous sera peut-être offert.

25-31 : Une affaire importante dont vous vous occupez exigera peut-être du renfort. Consultez un spécialiste ou un ami sûr : ils pourront vous apporter des informations utiles et une solution. Vous aurez besoin des idées et de l'avis des autres, surtout sur des questions d'ordre professionnel ou sentimental. Une semaine de chance s'annonce côté argent : vous aurez le vent en poupe! Des personnes venues de loin vous apporteront de bonnes nouvelles, ou de vieux amis que vous n'avez pas revus depuis longtemps réapparaîtront. Vos gains seront abondants, mais n'oubliez pas de mettre un peu d'argent de côté!

CANCER

Août
tableau journalier

Dim	Lun	Mar	Mer	Jeu	Ven	Sam
	1 🧑‍💼	2 ❤️	3 ⛈️	4 🧑‍💼	5 🍀🧑‍💼	6
7 ❤️	8	9	10 ⛈️	11 🧑‍💼	12	13 🧑‍💼
14 ❤️	15 🧑‍💼	16 🍀❤️	17 ❤️	18 🍀🧑‍💼	19 ❤️	20 ❤️🍀🧑‍💼
21	22 ❤️🧑‍💼	23	24	25 ⛈️🧑‍💼	26 🧑‍💼	27 ❤️🧑‍💼
28 ⛈️	29 🍀	30 🍀❤️	31 ❤️			

🧑‍💼 **Travail** ❤️ **Amour** 🍀 **Chance** ⛈️ **Prudence**

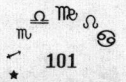

Août 2005

A cause de l'alliance défavorable de Mars et Saturne le 3 août, attendez-vous à des contretemps et des contrariétés. Ne perdez pas de temps en futilités. Abordez tout de suite le nœud du problème, c'est ainsi que vous surmonterez vos difficultés.

La planète Mars établira aussi une relation houleuse avec le perturbateur Uranus entre le 13 et le 16 août. Votre vie professionnelle subira alors des pressions de la part de ceux qui veulent vous mettre à l'épreuve. Recherchez des personnes stimulantes et écoutez leurs enseignements, car vous serez alors réceptif à des idées qui, en temps normal, vous surprendraient ou même vous choqueraient.

Le Soleil tirera à boulets rouges sur votre secteur financier pendant la majeure partie de ce mois : assurez-vous de ne pas vous laisser abuser par de fausses promesses. Vous ne serez peut-être pas d'humeur très sociable ce mois-ci, mais vos amis vous obligeront à sortir de chez vous. L'équilibre sera difficile à maintenir entre votre loyauté envers votre famille et votre intérêt pour vos amis et d'autres occupations agréables. Un des éléments devra sans doute être sacrifié temporairement, surtout entre le 18 et le 24 août.

Le 28 août, un événement inattendu concernant un membre de votre famille vous obligera à modifier des projets qui vous tiennent à cœur. Août sera par ailleurs un mois très animé sur le plan professionnel, plein de réunions, de discussions, d'entretiens et d'accords.

AMOUR

Vénus s'alliera à Chiron, Saturne et Neptune ce mois-ci, vous donnant l'occasion idéale pour réfléchir sérieusement sur l'orien-

Août 2005

tation à donner à votre vie amoureuse. Le 10 août, toute relation susceptible de restreindre votre liberté ou paraissant incapable d'évoluer devra être restructurée. Le 15 août, un événement très important ou intime vous causera quelques difficultés d'ordre affectif. Vous déciderez peut-être de brusquer un dénouement, au risque d'en souffrir.

Du 20 au 28 août, soyez prudent dans tous vos rapports sentimentaux ; méfiez-vous des situations imprévues. Une aventure n'est pas à exclure pendant cette période. Vous vous ferez de nouveaux amis partout où vous irez, nouant parfois des liens insolites avec des étrangers. Ne faites pas de promesse à long terme le 30 août, vous seriez incapable de la tenir.

Une relation importante à vos yeux sera peut-être mise à rude épreuve au cours de la dernière semaine : efforcez-vous de parvenir à un compromis dans vos discussions.

Des amis compteront peut-être sur votre soutien lors d'une crise sentimentale, ou vous prendrez en charge quelqu'un qui a désespérément besoin de votre aide.

Chance

Le 15 août, Mars établira une relation favorable avec Uranus, planète des surprises et des opportunités. Ce sera un mois de nouveaux commencements, de chance et de bonheur. Au cours de cette période, un succès ou une promotion est probable et des circonstances propices dans votre travail et votre foyer vous rendront très heureux.

Le 23 août, vos responsabilités continueront à être lourdes mais vos talents seront à la hauteur. On vous demandera peut-être de faire un exposé, ou vous serez amené sous le feu des projecteurs de façon surprenante. Jouissant d'une grande popularité auprès de ceux que vous fréquentez, vous serez invité à de nombreuses soirées et réceptions.

Vous déborderez d'énergie et, si vous pratiquez un sport, vous collectionnerez les victoires. Un mois très animé vous attend donc sur le plan des distractions.

Conseils hebdomadaires

1-7 : Des heurts ou des conflits avec les gens que vous côtoyez tous les jours et un sentiment général d'impatience et de nervosité caractérisent cette semaine. Divers problèmes concernant vos amis et votre famille vous obligeront à sacrifier une partie de vos loisirs. En acceptant de faire des concessions, vous gagnerez certainement l'estime des autres. Enclin à la paresse, vous aurez envie de vous prélasser avec votre famille ou des amis intimes. Un cadeau agréable ou onéreux vous surprendra, ou vous culpabilisera. Entretiens et négociations auront un côté passionnant. Des enfants risquent de vous causer du souci.

8-14 : Une certaine personne jettera le trouble dans votre cœur cette semaine. Laissez vos émotions s'exprimer, vous vous sentirez mieux. D'humeur rêveuse et romanesque, vous aspirerez à l'amour. Vous serez aussi nettement plus idéaliste, tolérant et généreux dans vos relations, ce qui vous poussera à agir à l'encontre de vos intérêts. Une décision relative à l'argent ou d'importantes obligations professionnelles créeront les conditions requises pour une reconnaissance future de vos mérites. Vous souhaiterez peut-être lancer un nouveau projet ou vous orienter vers un domaine qui vous est étranger. Un voyage pourra être entrepris avec un minimum d'embarras. Vos vacances d'été vous apporteront joie et bonheur. Les questions d'argent se régleront d'elles-mêmes. Evitez les excès de table.

15-21 : Cette semaine sera propice aux placements, aux transactions juridiques, aux voyages et aux études. Vos activités professionnelles et personnelles recevront un coup d'accélérateur, et l'argent que

Août 2005

l'on vous doit retournera enfin dans votre poche. Des amitiés et des avantages matériels s'offriront à vous pendant cette période. D'humeur sociable, vous rechercherez la convivialité, surtout avec des gens qui savent vraiment s'amuser. Votre générosité risque parfois d'embarrasser les autres, qui ne sauront pas comment vous payer de retour. Des changements sont en vue dans votre famille. Evitez les différends financiers avec votre famille et vos amis : un incident mineur pourrait subitement dégénérer. En amour, restez maître de vous-même pour contrer les obstacles qui surgiront.

22-31 : Gardez l'esprit ouvert en discutant de vos perspectives d'avenir. Vous prendrez peut-être contact cette semaine avec des personnes qui auront une influence durable dans votre vie. Votre impulsivité risquant de vous nuire, gardez les pieds sur terre dans les affaires liées à l'argent, au travail, à la vie amoureuse et aux voyages. Vous aurez peut-être des intuitions soudaines, vous ferez une découverte, vous trouverez une solution neuve à un problème ancien ou vous chercherez des moyens d'action inédits. Essayez d'assouplir votre emploi du temps cette semaine pour être plus disponible. Vous saurez exactement ce que vous voulez, et vous ferez tout votre possible pour l'obtenir : le monde sera à vos pieds.

CANCER

Septembre
tableau journalier

Dim	Lun	Mar	Mer	Jeu	Ven	Sam
				1 💼🍀	2 💼❤️	3 🍀
4 ❤️	5 💼	6 ❤️	7 💼	8 ❤️	9 ⛈️	10 ⛈️
11 ❤️	12 💼	13 💼	14	15	16 🍀💼	17 ⛈️
18 🍀	19 💼🍀	20 ❤️	21 💼	22 ❤️	23 🍀💼	24 ❤️
25	26 ⛈️	27 💼	28	29 🍀💼	30 ❤️🍀	

💼 Travail   ❤️ Amour   🍀 Chance   ⛈️ Prudence

Septembre 2005

L'association dynamique de Jupiter et Pluton vous facilitera un peu les choses au cours de ce mois, surtout à partir du 13 septembre. Vous aurez envie de vous imposer aux yeux du monde et votre présence sera très remarquée par les gens que vous contacterez.

Si vous voulez impressionner les autres, c'est le moment opportun. On reconnaîtra vos mérites et on s'efforcera probablement de suivre votre exemple. Mercure et Mars renforceront votre détermination les 16 et 17 septembre, et vous ferez preuve d'une grande énergie dans toutes vos entreprises.

Comme vous afficherez une certaine placidité ce mois-ci, la plupart des gens s'effaceront devant vous ou vous laisseront prendre la direction des opérations sans vous harceler. Toutefois, malgré votre patience et votre esprit de conciliation, vous aurez du mal à éviter un affrontement si l'occasion se présente. Votre sollicitude envers les autres et votre empressement à aller à leur rencontre serviront votre carrière, votre réputation ou votre image publique pendant cette période. N'hésitez pas à participer à des mondanités avec vos relations de travail, car la sympathie que vous dégagez pourra vous être utile à l'avenir. A partir du 19 septembre, vous vous préoccuperez davantage de votre apparence physique.

Le 25 septembre sera le jour idéal pour régler un problème personnel ou professionnel qui vous préoccupe. Vous serez probablement amené à parler en public et à donner votre avis sur une question à laquelle vous réfléchissez depuis longtemps.

Grâce à votre vivacité d'esprit, vous vous exprimerez avec aisance. Ce sera un excellent mois pour entamer une discussion ou une conversation, mais vous serez si soucieux de faire passer votre message que vous n'écouterez pas vraiment ce que vos interlocuteurs ont à dire.

Amour

Vénus s'unira au prodige Jupiter pendant ce mois et formera une configuration intéressante avec Pluton. Votre vie sentimentale connaîtra alors de merveilleux moments. L'harmonie et l'épanouissement seront importants pour vous le 2 septembre et, si vous n'êtes pas actuellement engagé dans une relation amoureuse, attendez-vous à un heureux changement.

Vous renforcerez par ailleurs vos liens avec vos amis. Au cours de ce mois, toutes vos nouvelles amitiés se révéleront aussi gratifiantes pour vous que vos relations amoureuses.

Profitez des bienfaits apportés par ce cycle, surtout les 18 et 23 septembre. Vos rencontres se révéleront enrichissantes à maints égards.

Sur le plan de la famille, l'atmosphère risque d'être un peu orageuse le 25 septembre ; l'animosité de certains vous semblera parfois déprimante. Ils se montreront peut-être plus susceptibles que d'habitude, et leur irritabilité risque de semer la discorde dans votre entourage immédiat. Vos relations avec vos enfants ou d'autres proches seront également tendues le 26 septembre. Toutefois, vous comprendrez le point de vue des deux parties lors d'un conflit, et vous ferez de votre mieux pour le résoudre. Vous fuirez peut-être la compagnie, vous vous isolerez ou vous passerez du temps à méditer.

Vous réussirez cependant à avoir des échanges productifs sans trop de difficulté, à condition de ne pas vous laisser abuser par les autres. Célibataires, dites oui à un nouveau rendez-vous : vous apprécierez certainement cette expérience, qui pourrait déboucher sur une histoire d'amour durable.

Chance

La traversée de Jupiter en Balance se terminera bientôt, ce qui annoncera pour vous de nouveaux commencements, des changements et des voyages. Le 15 septembre, vous recevrez peut-être une offre inattendue concernant un partenariat, une relation d'affaires ou une collaboration. Ce sera le moment idéal pour vous accorder un peu de détente. Vous adhérerez peut-être à un groupe, ou vous développerez vos activités créatrices grâce à diverses associations. Le sport intéressera certains Cancer et beaucoup décideront d'améliorer leur forme physique en s'inscrivant dans un club ou en effectuant un séjour au bord de la mer.

A partir du 23 septembre, vous aurez peut-être envie de suivre la mode, et d'exhiber vos tenues dernier cri. Beaucoup de festivités s'annoncent, car vous vous lierez d'amitié avec des personnes issues de différents milieux. Un détail insolite ou attrayant retiendra votre attention ou influencera votre décision dans une affaire importante. Vous choisirez peut-être de quitter un emploi sûr pour embrasser une profession indépendante.

Conseils hebdomadaires

1-11 : Vous vous montrerez combatif et avide de réussite matérielle cette semaine. Vous admirerez les gens indépendants, que vous chercherez à égaler en poursuivant vos objectifs et en gagnant votre autonomie financière. D'humeur très affectueuse, vous aurez envie de passer des moments privilégiés avec l'élu de votre cœur, ou du moins en compagnie agréable. Vos penchants artistiques étant aussi stimulés, votre travail dans ce domaine sera particulièrement gratifiant et réussi. Un livre, un instrument de musique, la peinture ou une activité créatrice jouera sans doute un rôle important cette semaine. Entretiens et réunions seront favorisés.

12-18 : Le bonheur régnera autour de vous cette semaine ; les gens qui comptent dans votre vie se montreront plus compréhensifs envers vous, et vous saurez mieux réagir face aux autres et aux événements. Votre objectivité vous permettra de prendre une décision claire concernant l'orientation de votre vie et les prochaines mesures

Septembre 2005

à prendre pour atteindre vos buts personnels. Votre jugement sera sûr. Vous participerez peut-être à une conférence ou à un entretien important lié à votre carrière. Ce sera un moment opportun pour solliciter l'appui de votre supérieur ou d'une personne à même de favoriser votre avancement. Votre situation financière s'annonce excellente : des aubaines vous tomberont du ciel, et vous recevrez peut-être un superbe cadeau.

19-25 : Comme vous ne serez guère d'humeur conciliante cette semaine, le moment sera mal choisi pour tenter de parvenir à un accord. La rigueur et la prudence s'imposent dans toutes vos affaires et vos projets importants. Essayez de coopérer avec les autres, d'atteindre des objectifs communs tout en défendant vos rêves et vos idéaux. Argent, plaisir, amitiés et enfants ne faisant pas bon ménage, vous devrez établir des priorités. Un problème sentimental complexe se révélera difficile à élucider ou une promesse restera vaine. Débarrassez-vous du superflu, remettez votre vie à plat, et réglez les questions en suspens. Une conversation téléphonique vous rassurera quant à l'évolution d'un projet ou d'une étude.

26-30 : Une fabuleuse semaine pour sortir, faire la fête et dîner au restaurant vous attend ; vous entourer de nouveaux amis sera important pour vous. Vous vous montrerez avide de progresser dans votre carrière, et les autres vous laisseront la voie libre tandis que vous gravirez les échelons du succès. Ce sera une excellente période pour entreprendre des travaux de rénovation, surtout ceux destinés à embellir votre cadre de vie. Vos rapports sentimentaux, y compris avec votre famille, seront très satisfaisants et affectueux, et vous aurez aussi envie d'inviter des amis chez vous. La chance vous sourira au moment le plus improbable. Persévérez dans la poursuite de vos objectifs.

CANCER

Octobre
tableau journalier

Dim	Lun	Mar	Mer	Jeu	Ven	Sam
						1
2 ♥	3 🍀👤	4 🍀	5 ♥👤	6	7 ☁🍀	8 ☁
9 ♥	10 👤	11	12 ♥👤	13 🍀	14 👤	15 ☁
16	17 ♥🍀👤	18	19 ☁	20 ♥👤	21	22 ☁
23 ♥	24 👤	25 ♥	26 👤	27 👤	28 🍀	29 👤
30 ♥	31 👤					

👤 Travail   ♥ Amour   🍀 Chance   ☁ Prudence

111

Octobre 2005

Parce que le Soleil formera une alliance favorable avec Jupiter, surtout pendant la semaine du 16 au 22 octobre, vous aurez l'impression que rien ne saurait mal tourner quoi que vous fassiez. Travail, études, transactions, négociations, achats et ventes occuperont une grande partie de votre temps. D'heureux concours de circonstances vous aideront également dans votre carrière. Les obstacles sembleront disparaître d'eux-mêmes et votre travail progressera sans heurts. Ce sera une période de croissance continue, associée à une atmosphère sereine, et vous vous sentirez satisfait de vous-même et de l'orientation de votre vie.

Vous jugerez votre travail utile, ce qui renforcera votre sensation de bien-être et de bonheur. Des événements providentiels surviendront peut-être le 13 octobre, mais c'est surtout l'harmonie et la qualité de votre vie qui rendront votre situation nettement meilleure à vos yeux.

Lorsque Jupiter s'opposera à Chiron du 16 au 21 octobre, des situations étranges pourraient se produire dans votre vie domestique ou sur votre lieu de travail. La spontanéité et la liberté d'expression seront les thèmes dominants de cette période, et vous serez probablement d'humeur optimiste. Vous dévoilerez peut-être une facette quelque peu excentrique de votre personnalité et vous agirez parfois de façon déplacée, tout simplement parce que vous serez moins inhibé que d'habitude et que vous vous sentirez bien dans votre peau.

Le 23 octobre, les tâches monotones vous rebuteront au plus haut point. Vous ne supporterez absolument pas de vous ennuyer. Ce sera néanmoins une période heureuse : vous aurez l'impression d'être sorti d'une mauvaise passe. Si c'est le changement que vous cherchez, ce sera le moment d'en profiter.

Octobre 2005

En revanche, ce ne sera pas un mois favorable pour équilibrer vos comptes car vous aurez la tête ailleurs, et surtout à la dépense. Vous vous montrerez plus rêveur et imaginatif que pragmatique.

Amour

Vénus et Chiron s'affronteront au cours de ce mois, surtout le 15 octobre. Les aspects profonds ou cachés d'un problème seront alors mis en lumière. Le tyran qui sommeille en vous se réveillera, ou c'est vous qui vous heurterez à la face sombre, hostile, tyrannique, chez les autres. Ce sera peut-être aussi une période où vous serez contraint de vous débarrasser de quelque chose qui ne marche plus. Cela pourrait aller de l'objet vétuste et usagé à une relation malsaine, en passant par une attitude contre-productive profondément ancrée.

Le 21 octobre, Jupiter renforcera vos liens avec votre partenaire ou suscitera une nouvelle idylle ; votre moral sera alors au beau fixe. Votre sentiment de bonheur et d'harmonie intérieure engendrera des rapports sereins avec les autres à ce moment-là. Votre intuition et votre instinct devraient être très fiables du 22 octobre à la fin du mois, surtout quand il s'agira de résoudre de petites difficultés.

Vous ne serez pas impulsivement affectueux ou flirteur pendant cette période et vous vous montrerez très stable et prévisible dans votre couple. En revanche, vos amis ou votre partenaire se comporteront peut-être de manière inattendue. Adaptabilité et ouverture d'esprit s'imposeront alors dans vos relations. Vous serez peut-être aussi attiré par les inconnus ce mois-ci : préparez-vous à une rencontre insolite et vraiment exaltante.

Chance

Le Soleil et Jupiter vous combleront pendant ce mois en vous offrant un étonnant assortiment de voyages, de succès, d'accords juridiques, de contrats à long terme et de réunions amicales et familiales. Un cycle passionnant s'annonce, accompagné de nombreuses distractions et festivités, mais vous éprouverez peut-être une certaine lassitude à cause de votre emploi du temps surchargé. Le 16 octobre, guettez l'imprévu : de nombreuses offres ou occasions se présenteront à vous, y compris de merveilleux changements dans votre situation professionnelle. Vous toucherez des revenus grâce à un plan d'épargne, une pension de retraite, des indemnités, un prêt, une prime ou un partage de bénéfices.

Vos amis resteront en contact étroit avec vous et vous serez invité à de nombreuses fêtes et réceptions. Les changements qui surviennent autour de vous amélioreront votre capacité de gain et vos finances personnelles. Certains Cancer prendront des mesures constructives concernant leur sécurité et leur bonheur. L'achat et la vente seront également privilégiés : vous aurez un atout en réserve lorsqu'il s'agira de conclure un marché et toutes vos transactions devraient se dérouler à merveille.

Conseils hebdomadaires

1-9 : Votre intuition, votre pouvoir de persuasion et votre autorité naturelle joueront en votre faveur lorsque vous traiterez avec des gens qui essaieront de vous cacher quelque chose. Examinez avec votre conjoint toute décision en instance dont vous n'êtes pas sûr. Un litige pourrait se révéler un peu difficile à régler, même si vous réussissez à gérer efficacement les obstacles et contretemps. Vos activités mondaines sont susceptibles de s'accroître en raison de votre popularité. Essayez d'être réaliste dans tous vos choix sentimentaux : votre soif d'être aimé vous incitera peut-être à collectionner les aventures faciles. Tout ira bien sur le plan de la santé. N'oubliez pas de mettre de l'argent de côté.

10-16 : Les autres, ou les circonstances générales dans lesquelles vous vous trouvez à présent, auront le don de vous irriter. Vous risquez de vous emporter et de sortir de vos gonds. Des opportunités s'offriront néanmoins à vous sur le plan professionnel. Une personne fortunée ou issue d'un milieu social privilégié pourrait vous offrir ses services, son appui financier ou sa caution. La chance vous sourira côté argent. Avide de discuter de vos idées et de vos projets pendant cette période, vous organiserez peut-être une séance de brainstorming très fructueuse, un débat passionné ou une réunion très animée qui débouchera sur des réalisations concrètes. Grâce à votre aplomb, vous réussirez à exposer votre projet ou vos idées de façon tout à fait convaincante. Vos relations amoureuses seront favorisées.

17-23 : Cette semaine, on vous fera peut-être une demande en mariage, ou vous vivrez une expérience amoureuse totalement inédite. De nombreuses occasions se présenteront à vous. Votre partenaire vous offrira peut-être un beau cadeau. Une excellente nouvelle vous parviendra concernant une promotion, une reconversion ou une aubaine financière. Grâce à votre vitalité et à votre grande confiance en vous, vous réussirez à atteindre vos objectifs personnels plus facilement que d'habitude. Montrez-vous cependant plus conciliant dans vos relations personnelles : vous avez tendance à demander plus que vous ne donnez.

24-31 : Votre point de vue sur l'argent et sur la façon de le gérer évoluant, vous deviendrez plus économe et plus circonspect dans vos dépenses. Vous recevrez plus d'invitations et les amitiés que vous nouerez alors seront durables. Votre niveau d'énergie et votre assurance étant à leur apogée, vous vous montrerez très entreprenant et vous rongerez votre frein si vous ne pouvez pas vous exprimer librement. Si votre situation professionnelle actuelle ne vous offre pas assez de liberté d'action, ou si vos supérieurs ne vous encouragent pas à prendre des initiatives, n'hésitez pas à chercher un autre emploi ailleurs. Méfiez-vous des accidents dus à votre impulsivité et à votre impatience. Pendant cette semaine, vous aurez tendance à avoir les yeux plus gros que le ventre et à dépasser les limites de vos capacités.

CANCER

Novembre
tableau journalier

Dim	Lun	Mar	Mer	Jeu	Ven	Sam
		1 💼❤️	2	3 💼	4 ⛈️	5
6	7 💼🍀	8 🍀	9 ❤️⛈️	10 💼❤️	11 💼	12 ❤️🍀
13	14 💼	15 ⛈️	16 💼❤️	17 ❤️	18 💼🍀	19
20	21 💼⛈️	22 🍀	23 💼	24 ❤️	25 💼	26
27 🍀❤️	28 💼	29 💼	30 ❤️⛈️			
		💼 Travail ❤️ Amour 🍀 Chance ⛈️ Prudence				

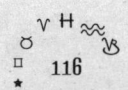

116

Novembre 2005

Mars sèmera un peu de zizanie chez Neptune du 5 au 10 novembre. Le Soleil s'opposera pour sa part à Saturne au cours de la première semaine de ce mois. Vos ambitions, vos résultats professionnels, vos mérites, ainsi que les promotions, les honneurs et la gloire susceptibles de les accompagner, seront étudiés à la loupe par ceux qui vous surveillent.

Une pointe de subjectivité, de subtils préjugés ou des a priori personnels risquent de fausser votre jugement et vos décisions plus que vous ne pensez au cours de ce mois. Evitez au maximum de vous placer en position d'obligé sur votre lieu de travail le 15 novembre : les autres risquent de se servir de vous ou d'exploiter vos talents à leur profit.

Une discussion avec un enfant ou un membre de votre famille se révélera un peu décevante le 20 novembre. Vous aurez l'impression de répéter les mêmes mots en vain. Par ailleurs, des griefs que vous nourrissez en silence depuis quelque temps pourraient éclater au grand jour, créant une tension ou de la gêne.

Jupiter établira cependant une merveilleuse relation avec Uranus à partir du 22 novembre et vous aurez alors envie d'apporter un peu de fantaisie dans la vie des autres : laissez votre imagination s'envoler. Si vous souhaitez pratiquer un passe-temps créatif ou faire reconnaître votre talent dans les arts, la musique ou le théâtre, c'est le mois idéal pour vous lancer.

Mercure et Chiron formeront un merveilleux aspect entre le 26 et le 28 novembre : vos rapports avec les autres seront excellents au cours de ce cycle et vous ferez preuve d'une grande détermination dans toutes vos actions.

Des événements passionnants étant sur le point de se produire, tenez-vous prêt, car novembre sera un mois extraordinairement riche en potentialités. Votre vie personnelle progressera à pas de géant et vous devriez pouvoir tout obtenir si vous y êtes résolu. Effectuez ce nouveau départ que vous vous êtes promis, prenez votre situation en main, car la réussite de ce mois vous appartient.

Amour

La présence de Vénus dans le signe du Capricorne rendra vos relations avec le sexe opposé plus stables. Faites toutefois attention à ne pas laisser dégénérer un différend le 9 novembre. Attaquez-vous d'abord à la tâche désagréable d'aller au cœur des problèmes qui vous préoccupent avant de vous abandonner aux plaisirs de la vie.

Même si un sentiment d'insécurité vous envahit le 11 novembre, vous éprouverez un vif besoin d'exprimer vos désirs. Un cycle très favorable s'annonce pour vous sur le plan amoureux les 17 et 18 novembre. Votre attachement et votre affection seront très physiques. Toutes les émotions que vous ressentirez alors à l'égard du sexe opposé auront une force et une vigueur extraordinaires.

Sous l'influence de Vénus et de Mars, vous vous engagerez peut-être dans une relation inhabituellement intense, ou vous introduirez plus de passion dans votre vie de couple. Vos sentiments seront bruts, fougueux, ardents, et vous aurez envie de ne faire plus qu'un avec votre partenaire. Vos amis intimes compteront aussi beaucoup pour vous le 21 novembre. Vous livrerez peut-être le fond de votre pensée à ceux en qui vous avez confiance. Ce sera le moment idéal pour améliorer toutes vos relations, au travail comme dans votre environnement quotidien. Sachant que tous les liens d'affection exigent d'être entretenus afin de rester sains et solides, consacrez-leur du temps et de l'attention.

Célibataires, des perspectives radieuses s'annoncent dans votre vie personnelle et vous recevrez peut-être une demande en mariage. Toute relation entamée le 27 novembre devrait être heureuse et durable.

Novembre 2005

Chance

Lorsque Jupiter et Saturne se rencontreront en libérant une explosion d'énergie positive au cours de ce mois, vous recevrez des informations concernant une affaire urgente dont vous devrez vous occuper sans tarder. Ne remettez pas les choses à plus tard, car ce sera une période faste où votre compte en banque remontera en flèche et où vous aurez l'art de vous trouver au bon endroit au bon moment.

Votre emploi étant placé sous des auspices favorables à partir du 11 novembre, demandez une augmentation à votre patron ou négociez un contrat : vous serez surpris du résultat. La gymnastique, le sport, les activités de loisir ou de plein air vous permettront de vous changer agréablement les idées. Une invitation à assister à une réception, à un grand dîner ou à tout autre rendez-vous mondain aura des retombées extraordinaires aux alentours du 21 novembre. Méfiez-vous de ceux qui vous demanderont un service ; ne prêtez pas d'argent et ne vous portez garant de personne.

La chance vous sourira lors d'une chasse aux bonnes affaires ; les soldes et les magasins de vente au rabais vous attireront. En quête d'évasion, vous envisagerez peut-être de voyager à l'étranger.

Conseils hebdomadaires

1-6 : Cette semaine, vous aurez envie de diversifier vos activités, et vous aurez l'énergie nécessaire pour relever de nouveaux défis. Ce sera une bonne période pour commencer à accomplir les promesses que vous vous êtes faites, car toutes vos tentatives auront de grandes chances d'aboutir. En revanche, évitez de vous embarquer dans une entreprise financière risquée : des pertes sont à craindre si vous vous fiez à de prétendues promesses d'investissement. Malgré une invitation agréable ou un projet de voyage dans un pays lointain, vous aurez tendance à avoir les idées noires : cherchez la raison de cette perturbation, la réponse se trouve en vous. Beaucoup de travail vous attend à cause de vos erreurs de jugement passées : ne vous découragez pas !

7-13 : Cette semaine, vous aurez du mal à rester calme. Ne gâchez pas une relation sentimentale de qualité par égoïsme. Des amies ou des parentes prendront de l'importance dans votre vie : vous réaliserez combien vous les appréciez, et vous vous montrerez particulièrement affectueux envers elles. Vous nouerez peut-être aussi des liens avec une personne dépendante dont vous vous occuperez avec tendresse. Ce sera une période propice pour entretenir ou redécorer votre maison. Une dette pourra vous coûter plus cher que prévu. Quelques soucis d'ordre professionnel sont à craindre.

14-20 : Vous adopterez une attitude plutôt paternaliste envers votre entourage cette semaine. De nouveaux centres d'intérêt s'offriront à vous et l'éventail de vos nouvelles amitiés sera très large. Votre vie personnelle sera riche en variété et en changement ; si vous aspirez à un nouvel amour, faites en sorte de le rencontrer. Une amélioration s'annonce sur le plan professionnel : persévérez dans la poursuite de vos objectifs. Votre priorité sera de planifier vos finances à long terme, de réfléchir à votre sécurité future et de formuler des stratégies pour réaliser vos ambitions. Ce sera une bonne semaine pour organiser toutes vos affaires, et pour solliciter l'avis d'un expert si un problème vous préoccupe.

21-30 : Essayez de ralentir un peu votre rythme cette semaine. Comme tout ne marchera pas pour le mieux dans votre vie à ce moment-là, restez vigilant. Vous serez enclin aux actes irraisonnés dans vos rapports avec les autres. Une tocade, ou une envie soudaine de rompre ou de bouleverser une relation existante, est probable. En outre, une attirance pour l'originalité et le non-conformisme se manifestera. Vous apprécierez des domaines auxquels vous pensiez ne jamais vous intéresser. Surveillez votre porte-monnaie, sinon vous finirez par vous ruiner en articles superflus ou en soirées extravagantes. Un problème juridique vous occupera peut-être.

CANCER

Décembre
tableau journalier

Dim	Lun	Mar	Mer	Jeu	Ven	Sam
			1 ⛈️	2 👤	3 🍀
4	5 ⛈️	6 👤	7	8 👤	9 ❤️	10 ❤️
11	12 👤	13 ❤️	14 🍀	15 👤	16 ❤️👤	17 ❤️
18 ❤️🍀	19 ⛈️	20 👤	21 🍀	22 ❤️👤	23 👤	24 ❤️
25 ❤️🍀	26	27 👤	28 ❤️⛈️	29 👤	30 🍀👤	31 ⛈️
		👤 Travail	❤️ Amour	🍀 Chance	⛈️ Prudence	

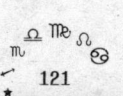

DÉCEMBRE 2005

Le Soleil, qui transitera dans votre secteur du travail et du bénévolat pendant la plus grande partie de ce mois, réveillera vos instincts charitables envers ceux qui sont moins favorisés que vous. Attendez-vous à passer de joyeux moments avec votre famille et vos amis en préparant les réjouissances de fin d'année. Une entrevue importante vous fera peut-être bondir de joie le 13 décembre, lorsque Mercure et Chiron se rencontreront, et une information rassurante vous insufflera une plus grande confiance en vous à partir de cette date.

Quelques petits problèmes familiaux vous rendront nerveux le 18 décembre, mais ils seront de courte durée. Vous aurez peut-être envie d'expérimenter de nouvelles idées ou de joindre l'utile à l'agréable le 21 décembre. Au bout du compte, ce mois finira mieux qu'il n'a commencé, surtout du point de vue de l'argent, des obligations ou des tâches négligées.

A partir du 24 décembre, un visiteur ou un parent bienvenu vous initiera peut-être à un nouveau passe-temps ou éclaircira une situation complexe qui vous a embarrassé dans le passé. Une bonne nouvelle vous permettra de donner un tour plus imaginatif à un projet personnel pour l'année à venir. Ce sera le moment idéal pour tester une idée neuve, élargir vos activités ou vous lancer dans une entreprise audacieuse. Les transactions d'affaires seront fructueuses et rentables tout au long de ce mois. Un travail imprévu ou les ennuis de santé d'un membre de votre famille vous obligeront peut-être à modifier un projet concernant votre avenir lointain ou immédiat. Soyez patient : à la longue, vous n'aurez peut-être qu'à vous en féliciter. Vos achats de Noël risquent de grever votre budget. Vous achèterez peut-être un article luxueux juste pour faire plaisir à votre famille.

Décembre 2005

Amour

Vénus et Chiron favoriseront votre vie amoureuse tout au long de ce mois. Soyez honnête avec votre conjoint et dialoguez à cœur ouvert avec lui afin de renforcer votre union. Si vous ne voulez pas qu'une relation chancelante se termine, restez calme devant les provocations et le reste de ce mois se chargera de rétablir l'entente. Un parent ou un ami proche vous donnera peut-être de bons conseils ou influencera votre façon d'appréhender une situation délicate le 19 décembre. Vos relations familiales exigeront sans doute une mise au point pour rester sereines pendant la période des fêtes. Refrénez votre tendance à vouloir prendre en main tous les problèmes relationnels qui surgissent. Juste au moment où tout s'annonce rose dans certains domaines de votre vie sentimentale, la situation évoluera, vous obligeant à effectuer de petits ajustements.

Le 24 décembre, une surprise vous sera réservée et une situation exceptionnelle se produira concernant un ami ou une connaissance. L'amour passera en second derrière la famille pendant ces semaines de fêtes. Votre vie domestique sera paisible, pourvu que vous laissiez aux autres leur mot à dire. Au cours des derniers jours de ce mois, vous aurez peut-être envie d'apporter dans votre couple des changements qui vous donneront plus de liberté d'action. N'oubliez pas alors d'en accorder autant à votre partenaire, sinon il y aura de l'orage dans l'air.

Chance

Grâce à l'influence favorable de diverses planètes sur votre mois, la réussite vous attend dans vos nouveaux projets. Pris par de multiples activités, courses, achats, coups de téléphone et rendez-vous, vous ne saurez plus où donner de la tête. Une lettre ou un courrier contiendra peut-être une invitation à un grand gala, et vous vous achèterez alors une tenue de circonstance.

Une manifestation sportive ou mondaine vous placera par ailleurs sous le feu des projecteurs pour une raison ou une autre. Tout voyage important effectué au cours de ce mois se révélera enrichissant et très agréable. Le succès pourrait récompenser vos efforts dans votre profession ; certains recevront une prime ou une commission annuelle. Grâce à votre aplomb et à votre grande confiance en vous, vous serez dans les petits papiers de vos supérieurs.

La chance étant de votre côté ce mois-ci, une merveilleuse occasion ou surprise s'offrira à vous. Apprêtez-vous à démarrer l'année 2006 sur les chapeaux de roue.

CONSEILS HEBDOMADAIRES

1-11 : La patience, surtout avec certains membres de votre famille, vous fera défaut. Vous serez aussi enclin à réagir de façon excessive dans diverses situations, et vous ne vous calmerez qu'après avoir assouvi vos désirs. Vous recevrez peut-être une information qui vous préoccupera : agissez pour le mieux, sans vous inquiéter inutilement et sans endosser tout le poids de responsabilités supplémentaires. Votre famille et vos amis rendront cette période merveilleuse si vous les laissez faire, et les bonnes surprises abonderont. Préparez-vous à voir le vent tourner en votre faveur. Vous serez très occupé par vos achats de Noël, ou vous passerez du temps à négocier un excitant projet de voyage dans une agence de tourisme. Votre santé exigera peut-être des soins ; certains Cancer consulteront un médecin ou un dentiste.

12-18 : Vos choix et vos décisions manqueront peut-être de prudence, de réalisme ou de discernement cette semaine. Méfiez-vous des projets trop optimistes que l'on vous soumettra : signer un contrat sans analyser la situation ou sans lire les clauses en petits caractères pourrait se révéler désastreux. Votre vie sociale, amoureuse et familiale étant importante à vos yeux, vous ferez tout votre possible pour que votre entourage se sente heureux et

Décembre 2005

satisfait. La chance vous sourira lorsque vous négocierez avec des gens de pouvoir : ils seront ouverts à vos idées. Lors d'une soirée très réussie, vous deviendrez peut-être le centre d'attention.

19-25 : Une atmosphère d'excitation, d'aventure et d'amusement régnera sur cette semaine. Des activités de plein air stimulantes vous tenteront, en fonction de vos goûts et de la saison. Fêtes et rassemblements de toutes sortes vous attireront également. Ce sera le moment de vous montrer spontané et audacieux. Si votre métier est motivant et varié, nous n'aurez alors aucune raison de le quitter maintenant. Mais si vous jugez votre travail routinier et fastidieux, vous l'accomplirez distraitement en rêvant à des occupations plus passionnantes. En ce cas, refusez de vous enliser dans l'ornière et lancez-vous à l'aventure. Votre vie amoureuse connaîtra une merveilleuse embellie : le bonheur est assuré.

26-31 : Vous jouirez peut-être d'un regain de chance car d'excellentes opportunités se présenteront à vous cette semaine, mais faites attention à ne pas surestimer le potentiel d'une idée neuve ou d'un projet inédit. Animé d'une grande énergie physique, vous réussirez à accomplir des exploits. Une nette amélioration s'annonce dans votre vie sociale et sentimentale. Beaucoup de bonnes surprises vous attendent ; on vous offrira peut-être la possibilité de briller dans un domaine ou de relever un défi auquel vous pensiez depuis longtemps. De merveilleuses retrouvailles avec votre famille et certains parents perdus de vue couronneront votre année. Vous recevrez un cadeau onéreux ou un ticket pour l'aventure et le dépaysement. L'amour vous rendra rayonnant de bonheur.

Calculez votre ascendant

Le calcul de l'ascendant peut poser des problèmes assez complexes en fonction du lieu et de l'heure de naissance de chacun. Il faut ainsi tenir compte de l'heure d'été, de l'heure d'hiver et de l'heure du méridien de naissance. Cependant, si vous n'avez jamais consulté un spécialiste ou confié vos calculs à un programme informatique conçu pour ce genre de recherche, nous vous proposons ici une méthode de lecture directe qui, si elle n'est pas précise à 100 %, laisse une marge d'erreur faible pour les personnes nées en France métropolitaine.

Si vous êtes né le premier jour d'un 1er décan ou le dernier jour d'un 3e décan, ou si votre heure de naissance vous situe à la frange de deux ascendants, vous pourrez utilement tenir compte de cette double influence.

Utilisation du tableau

Il suffit de trouver dans la colonne correspondant à votre jour de naissance l'heure de celle-ci. Par lecture directe de la colonne de droite, vous connaîtrez votre ascendant.

Ne pas oublier, auparavant, de retrancher :

- 1 heure à l'heure de votre naissance mentionnée sur votre état civil, si vous êtes né à une époque et en un lieu où l'horaire d'été s'appliquait, de 1916 à 1945.
- 1 heure toute l'année de 1945 à maintenant.
- 2 heures pendant les horaires d'été depuis 1976. (Les régimes horaires de 1940 à 1942 demandent des vérifications très particulières.)

Calculez votre ascendant

Si vous êtes né entre les :

22/06 et 03/07	04/07 et 13/07	14/07 et 22/07	Votre ascendant est
23h45 ▶ 0h45	23h10 ▶ 0h10	22h30 ▶ 23h30	Bélier
0h45 ▶ 2h00	0h10 ▶ 1h30	23h30 ▶ 1h00	Taureau
2h00 ▶ 3h50	1h30 ▶ 3h20	1h00 ▶ 2h40	Gémeaux
3h50 ▶ 6h30	3h20 ▶ 5h50	2h40 ▶ 5h10	Cancer
6h30 ▶ 9h00	5h50 ▶ 8h30	5h10 ▶ 7h45	Lion
9h00 ▶ 11h45	8h30 ▶ 11h10	7h45 ▶ 10h30	Vierge
11h45 ▶ 14h30	11h10 ▶ 13h50	10h30 ▶ 13h10	Balance
14h30 ▶ 17h00	13h50 ▶ 16h30	13h10 ▶ 15h45	Scorpion
17h00 ▶ 19h40	16h30 ▶ 19h00	15h45 ▶ 18h30	Sagittaire
19h40 ▶ 21h25	19h00 ▶ 20h50	18h30 ▶ 20h10	Capricorne
21h25 ▶ 22h45	20h50 ▶ 22h10	20h10 ▶ 21h30	Verseau
22h45 ▶ 23h45	22h10 ▶ 23h10	21h30 ▶ 22h30	Poissons

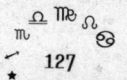

DES RENDEZ-VOUS À NE PAS MANQUER
AVEC LES COLLECTIONS :

Azur
La force d'une rencontre,
l'intensité de la passion
- 8 romans de 1er de chaque mois -

Horizon
Une famille à inventer,
un bonheur à construire
- 5 romans le 15 de chaque mois -

Passion
Rencontres audacieuses
et jeux de séduction
- 6 romans le 1er de chaque mois -

Désirs
Sensualité et passions extrêmes
- 2 romans le 15 de chaque mois -

Audace
Sexy. Impertinent. Osé.
- 2 romans le 1er de chaque mois -

Blanche
Passions et ambitions
dans le milieu médical
- 4 volumes doubles
le 15 de chaque mois -

ÉMOTIONS
L'émotion au cœur de la vie
- 4 romans le 1er de chaque mois -

INTRIGUE
Emotion. Action. Suspense
- 4 romans tous les 2 mois
le 15 du mois -

Les Historiques
Le tourbillon de l'histoire,
le souffle de la passion
- 5 romans tous les 2 mois
le 1er du mois -

Les Grands Romans Historiques
Quand l'Histoire devient le plus
captivant des romans
- 1 roman tous les 2 mois
le 1er du mois -

BEST SELLERS
Une collection à sensations fortes
- 6 romans tous les 2 mois
le 1er du mois -

RED DRESS INK
La collection
des citadines branchées
- 2 romans tous les 2 mois
le 1er du mois -

MIRA
La passion de lire
- 5 à 6 romans tous les 2 mois
le 1er du mois -